קֹהֶלֶת
L'Ecclésiaste

© 2011, Berg International éditeurs
129 bd Saint-Michel, 75005 Paris
ISBN : 978-2-917191-42-2
www.berg-international.fr

l'Ecclésiaste

Qohélet, le prédicateur désenchanté

nouvelle traduction de l'hébreu
Yankel Mandel

introduction et choix des commentaires
Georges Nataf

Berg International Éditeurs

INTRODUCTION

Plus encore que le *Livre de Job*[1] ou que *Le Cantique des Cantiques*[2], texte éminemment profane, tous deux inspirés par la littérature babylonienne, s'il est un livre dont la présence surprend dans le corpus biblique, c'est bien *Qohélet*. Son nom en hébreu provient de *qahal*, l'assemblée. Ce terme correspondant au grec *ekklesia*, l'église, *ecclesia* en latin, fut traduit par l'*Ecclésiaste*. Son auteur se présente en effet comme un rassembleur, un prédicateur.

Faisant partie des *Meguilloth* (rouleaux de textes indépendants comme *Esther* par exemple), ce petit livre est lu à *Soukkoth*, la fête des Tabernacles, la dernière du calendrier religieux juif. Admis par l'ensemble de ses lecteurs comme un texte dû au roi Salomon, il a été abondamment commenté, autant par les Sages pharisiens rédacteurs du *Talmud* et des *Midrachim*[3], que par des commentateurs juifs plus récents et par les Pères de l'Église. Puis, au XIXe siècle, la critique biblique

---

[1] Les biblistes pensent que ce texte a été rédigé vers la fin du IIIe siècle av. J.-C. et le comparent souvent au « Juste souffrant », écrit babylonien plus vieux de dix-sept siècles. Il faut noter que *Job* nie la survie de l'âme, *cf.* 7, 9.
[2] *Cf.* J. Bottéro, S. N. Kramer, *L'Érotisme sacré à Sumer et à Babylone*, Paris, Berg International, 2011, pp. 87-110.
[3] Commentaires rabbiniques de l'Écriture.

naissante mit en doute son attribution. Sa langue tardive, son contenu très « philosophique », le fait qu'il soit rédigé dans un hébreu proche de l'hébreu talmudique, ce dernier très marqué par l'araméen, la langue vernaculaire, et qu'il comporte aussi quelques mots d'origine perse, ont permis de dater la rédaction de *Qohélet*, du moins la version non remaniée, entre la fin du IIIe et le début du IIe siècle avant J.-C.

L'auteur aurait, selon certains commentateurs contemporains, été influencé par la littérature pessimiste du Moyen Empire égyptien. On trouve en effet chez lui certains accents du *Chants du Harpiste* : « Personne ne revient du lieu [où se trouvent les morts] pour nous dire comment ils sont, pour nous dire de quoi ils manquent, afin d'apaiser nos cœurs, jusqu'à ce que nous allions, [à notre tour], là où ils sont allés. Aussi, que ton cœur soit heureux, qu'il oublie que, un jour, tu deviendras un *akh*[4]. Suis ton désir, tout le temps de ta vie [...]. »[5] conclusion qui fait bien évidemment penser à : « Aussi je recommande la joie. Rien ne vaut mieux sous le soleil que de manger, boire et prendre du bon temps. L'homme est ainsi assisté dans son labeur, dans les jours de sa vie qui lui furent accordés sous le soleil. »[6] D'autres commentateurs suggèrent que l'auteur connaissait la littérature de sagesse assyro-babylonienne, dont le *Dialogue du maître et du serviteur* : « Qui connaît la

---

[4] Il s'agit de la clarté qui vit au ciel après la mort. Le *akh* est représenté sur les parois des temples et des tombeaux sous les traits d'un ibis. Même si, à l'origine, seul Pharaon et les dieux possédaient l'*akh* (l'un des éléments qui entre dans la composition de l'être, comparable au *néfesh*, *cf.* p. 19, ce principe fut par la suite étendu à l'entourage du roi, puis aux nobles, aux riches et enfin à tous les simples mortels.
[5] Texte du XXe siècle av. J.-C. Traduction de Claire Lalouette. *Cf.* Odette Renaud, « Le dialogue d'un désespéré avec son âme, une interprétation littéraire », *Cahiers de la Société d'Égyptologie*, vol 1, Genève, 1991.
[6] *Qohélet* VIII, 15.

INTRODUCTION

volonté des dieux du ciel ? Qui connaît les plans des dieux des enfers ? comment peuvent-ils, les mortels, connaître les voies d'un dieu ? Celui qui est vivant aujourd'hui, demain est mort [...]. »[7] Ces influences sont bien évidemment possibles, mais il faut convenir que les interrogations de Qohélet sont celles que l'homme peut exprimer, quel que soit le lieu ou le temps, d'où son indéniable modernité.

Des penseurs, tel Herder (1744-1803), poète, philosophe et théologien, avaient supposé que *Qohélet* rapportait un dialogue entre un maître et son disciple. Puis on a suggéré que plusieurs auteurs avaient remanié le texte[8]. Une nouvelle hypothèse, due à E. Podechard[9], fut largement acceptée. Un texte de base dû à Qohélet, « totalement pessimiste », aurait été corrigé par un « Sage » (*hakam*), puis par un « pieux » (*hasid*), enfin par le présentateur de l'ouvrage. Cette thèse, bien que peu étayée, connut un grand succès. De nos jours, d'autres commentateurs affirment que l'auteur aurait subi l'influence de la pensée grecque[10]. Ils le présentent comme un « épicurien hébreu ». Faisant indubitablement partie de l'élite intellectuelle de son temps, il n'y a en effet aucune raison de douter qu'il connaissait les philosophes grecs, ou du moins qu'il en avait entendu parler, mais : « Va, mange ton pain dans la joie, bois de bon cœur ton vin, car Dieu a maintenant apprécié tes actes » est bien la seule alternative à donner à : « Que soient loués les morts, plus que les vivants, ils ont quitté ce monde. Et plus encore qu'aux morts

---

[7] *Dialogue du maître et du serviteur*, trad. par E. Cassin, de W. B. Lambert, *Babylonian Wisdom Literature*, Revue d'histoire des religions, 1965.
[8] L'« Introduction » à *l'Ecclésiaste*, dans *La Bible de Jérusalem* (édition de 1955) signale qu'on a distingué deux, trois, quatre et jusqu'à huit mains différentes dans sa rédaction.
[9] E. Podechard, *l'Ecclésiaste*, Paris, Études bibliques, 1912.
[10] *Cf.* Jean Hadot, article « Ecclésiaste » in *Encyclopædia Universalis*.

et à ceux qui vivent, adressons nos vœux à ceux qui n'ont pas vu le jour et ignorent l'injustice qui se fait sous le soleil. » ou encore à : « Les vivants savent qu'ils doivent mourir, les morts ne savent rien. Ils ne reçoivent aucune forme de rétribution, on les a oubliés »[11], verset niant l'idée d'une rétribution *post mortem* pour les « justes » que l'on trouve dans les trois religions monothéistes.

La canonisation de Qohélet

C'est parce qu'il expose des idées contraires à la pensée rabbinique, il nie l'idée de l'immortalité de l'âme, que de vives discussions se sont élevées à propos de *l'Ecclésiaste* à Yavneh, sur la côte, à l'ouest de Jérusalem, où les pharisiens[12] avaient fondé une nouvelle académie, vers la fin du premier siècle, après la destruction du Temple.

Ayant à fixer le canon de la Bible juive, les rabbins avaient longuement hésité à y intégrer ce texte. Selon le *Talmud*, « Les Sages ont voulu "enterrer"[13] le livre de Qohélet parce que ses paroles se contredisaient. Et pourquoi finalement ne l'ont-ils pas fait ? Parce qu'il débute et se termine par des paroles de la Torah »[14]. En effet, l'auteur se présente d'emblée comme le fils de David, tandis que le dernier chapitre a été pour le moins remanié, afin de rendre l'ensemble compatible avec les idées

---

[11] *Qohélet* IX, 5, IX, 7, IV, 2-3.
[12] *Cf.* p. 22.
[13] Pratique courante dans le judaïsme pour des manuscrits et livres saints endommagés. Selon la tradition juive ils ne peuvent être jetés et doivent être traités avec respect, ce qui signifie être enterrés. Le lieu de la sépulture s'appelle *ghénizah*. Celle de la synagogue Ben Ezra du Caire a révélé une quantité impressionnante de textes qui furent une aubaine pour les chercheurs. Une importante collection de plus de 100 000 feuillets de manuscrits religieux et de textes médiévaux de littérature juive y a été préservée.
[14] T. *Chabbat* 30b.

pharisiennes[15]. Qohélet, qui dans tous les chapitres précédents s'adresse directement au lecteur, y est cité à la troisième personne[16], ce qui indique bien un ajout, tandis que le verset 11 fait une claire allusion aux Sages de Yavneh : « Comparables à des aiguillons sont les paroles des sages, elles sont les clous plantés, comme une assemblée de doctes présidée par un seul et même berger. »

L'auteur se présente au premier verset : « Paroles de Qohélet, le prédicateur, fils de David, roi à Jérusalem ». Il se réclame de Salomon, dont il ne mentionne pas le nom, mais cela ne relève pas pour autant d'une imposture littéraire. Qohélet n'est pas un faussaire attribuant son écrit à Salomon pour mieux le faire accepter. Il ne fait ainsi que s'affirmer comme le continuateur ou l'héritier de ce roi réputé pour sa sagesse et on ne peut raisonnablement penser que les rabbins de Yavneh aient été dupés. Attribuer un texte à un personnage célèbre était une convention littéraire courante dans l'Antiquité. D'autres textes de la Bible, particulièrement les écrits de Sagesse, sont présentés comme dus à Salomon, et cette « fiction littéraire » se retrouve dans les apocryphes tels *Le Testament des douze patriarches* ou le *Livre d'Hénoch* par exemple. Bien évidemment, une lecture littéraliste ne tient pas compte de cet aspect.

Si les pharisiens se sont résignés à ne pas « enterrer » cet écrit et à l'inclure parmi les textes sacrés, c'est sans nul doute au prix de discussions et de concessions réciproques avec les sadducéens[17] dont le courant de pensée n'avait pas disparu avec la chute du Temple en 70, ce qui n'empêche pas pour autant de penser à des remaniements ultérieurs. De plus, le livre de Ben

---

[15] *Cf.* p.15.
[16] *Qohélet* XII, 8-10.
[17] *Cf.* pp. 16 *sq.*

QOHÉLET/L'ECCLÉSIASTE
LE PRÉDICATEUR DÉSENCHANTÉ

Sirah, l'*Ecclésisastique*, qui ne parle pas plus de résurrection que des anges, écrit vers 185 av. J.-C., et exclu, entre autres pour cette raison, du canon[18], le mentionne comme faisant partie de la Bible, ce qui indique que l'ouvrage était pour le moins populaire durant cette période[19].

La rétribution post mortem des justes dans le judaïsme

Depuis - 333, la Judée faisait partie de l'Empire d'Alexandre le Grand. Après que ses successeurs, les Séleucides, l'aient étendu à l'ensemble du Moyen-Orient en -168, Antiochus[20] pilla le temple de Jérusalem, y installa un autel au dieu Baal Shamen et détruisit les murailles de la ville. Dans un édit de décembre -167, tout en interdisant la circoncision et en pourchassant les adversaires de l'hellénisation, il ordonna d'offrir des porcs en holocauste. Éclata alors une révolte des Juifs dirigée par la famille des Maccabées. Les troupes envoyées par Antiochus furent battues. Judas Maccabée s'allia à Rome, s'empara de Jérusalem et rendit le sanctuaire au culte de Yahvé.

Durant la guerre de libération nationale, nombre de combattants moururent pour leur foi, ce qui marqua un tournant dans la religion juive : Dieu ne peut abandonner au Shéol[21]

---

[18] Le texte hébreu fut partiellement retrouvé en 1896 dans la *ghénizah du Caire* et, en 1964, dans les ruines de la forteresse de Massada. La version de la *ghénizah* : « Ce qui attend l'homme ce sont les vers » (7, 17) est traduite par la *Septante* : « Le feu et les vers sont le châtiment des impies ».
[19] Des fragments de *Qohélet* ont été trouvés à Qumrân.
[20] L'Empire séleucide comprenait une multiplicité de groupes ethniques, de langues (grec, perse, araméen, dialectes indo-iraniens), de religions (polythéisme grec, zoroastrisme, judaïsme, cultes indigènes). Dans ce contexte le roi, qui recevait un culte divin, était supposé garantir l'unité de l'Empire.
[21] Dans le *Deutéronome* (32,22), Shéol semble être synonyme de « profondeurs de la Terre ». On compare parfois le Shéol au monde souterrain sombre et ténébreux d'Hadès, dieu des morts chez les Grecs, ou au Tartare de leur mythologie. Le Shéol était dans le judaïsme ancien la destination

INTRODUCTION

ceux qui ont vécu et ont combattu en son nom. Les *hassidim*, les « pieux », ancêtres des pharisiens, adoptèrent alors l'idée de l'immortalité de l'âme chère aux Grecs[22] et que l'on voit apparaître dans le livre de *Daniel* et le Second livre des *Maccabées*[23].

La notion de vie ne sera dorénavant plus limitée à celle reçue des ancêtres et que l'on transmettait à la génération suivante. La vie se continuait après la mort.

L'historien Flavius Josèphe[24] précisait en parlant des pharisiens : « [Ils] méprisent les commodités de la vie, sans rien accorder à la mollesse ; ce que leur raison a reconnu et transmis comme bon, ils s'imposent de s'y conformer et de lutter pour observer ce qu'elle a voulu leur dicter. [...] ils pensent que Dieu a tempéré les décisions de la fatalité par la volonté de l'homme pour que celui-ci se dirige vers la vertu ou vers le

---

commune des justes et des impies. Il est décrit comme une région « sombre et profonde », « la Fosse » « le pays de l'oubli » coupé de Dieu et de toute vie humaine (*Psaumes* 6, 5 ; 88, 3-12). Personne ne peut en revenir (*Job*, 7, 9 ; 10, 21 ; 14,12 ; *Psaume* 48, 20). Tous les humains finissent au Shéol, bons ou mauvais (sauf Hénoch et Élie « enlevés vivants au ciel »). Il s'agit d'une sorte de « néant » une existence qui est à peine existence, dans laquelle une « ombre » de l'ancien soi survit (*Psaume*, 88,10). La rétribution *post mortem* des justes n'existe pas plus dans le judaïsme ancien que pour les sadducéens : « Tout ce que tu peux entreprendre de tes mains, fais-le avec vigueur, car au Shéol là où tu vas, tu ne trouveras ni œuvre, ni considération, ni connaissance, pas plus que la sagesse » (*Qohélet*, IX, 10). « Leur amour, leur haine, leur jalousie, tout s'est évanoui. Ils ne seront plus jamais concernés par ce qui se fait sous le soleil. Plus jamais ! » (*Qohélet*, IX, 6). Le Shéol est à cette époque – selon A.-M. Gérard (*Dictionnaire de la Bible*, 1989, p. 207) – une prison sans issue qui voue définitivement ses captifs à la débilité spectrale et les tient éloignés de Dieu.

[22] E. Rohde, *Psyché. Le Culte de l'âme chez les Grecs et leur croyance à l'immortalité*, Paris, Payot, 1928.
[23] *Daniel* 12, 2-3 ; *Maccabées* II 7, 9 ; 14, 36 ; 12, 43-44 ; 14, 46.
[24] Né à Jérusalem en 37, de son véritable nom Joseph ben Mattathias, et mort vers la fin du 1ᵉʳ siècle à Rome.

vice. Ils croient à l'immortalité de l'âme et à des récompenses et des peines décernées sous terre à ceux qui, pendant leur vie, ont pratiqué la vertu ou le vice, ces derniers étant voués à une prison éternelle pendant que les premiers ont la faculté de ressusciter. C'est ce qui leur donne tant de crédit auprès du peuple [...]. Leurs grandes vertus ont été attestées par les villes, rendant hommage à leur effort vers le bien tant dans leur genre de vie que dans leurs doctrines [...]. »[25]

Un texte sadducéen ?

Ernest Renan (1823-1892)[26], qui traduisit et commenta le texte, fut le premier à avoir parlé de Qohélet comme d'« un frère de pensée des sadducéens »[27], sans s'attarder toutefois sur cette idée. La première source attestant de l'existence, et non de l'apparition, du mouvement sadducéen sous le règne de Jean Hyrcan (134-104 av. J.-C.) est Flavius Josèphe[28].

Selon lui, les sadducéens, rejetaient la Loi orale des pharisiens ainsi que l'idée de résurrection comme celle de l'existence des anges[29] parce qu'il n'en est pas question dans le *Pentateuque*. Le concept de Providence divine leur était étranger et ils affirmaient que la liberté humaine est pleine et entière. Il précise dans ses *Antiquités*, au chapitre XVII : « La doctrine des sadducéens fait mourir les âmes en même temps que les corps[30] [...].

---

[25] Flavius Josèphe, *Antiquités juives*, chap. XVII, 3. (06.)-4. (07).
[26] Pour Ernest Renan, la Bible devait être soumise à un examen critique comme n'importe quel autre document historique, ce qui déclencha des débats passionnés et la colère de l'Église catholique.
[27] Ernest Renan, *L'Ecclésiaste. Un temps pour tout*, traduction et commentaire, Paris, 1881 ; rééd. Paris, Arléa, 2004. *Cf.* dans cette dernière édition : « Étude sur l'âge et le caractère du livre », p. 99.
[28] Flavius Josèphe, *Antiquités juives*, XIII, 288-298.
[29] *Cf. Actes* 23, 8.
[30] « Les vivants savent qu'ils doivent mourir, les morts ne savent rien. Ils ne reçoivent aucune forme de rétribution, on les a oubliés », *Qohélet* IX, 5.

Disputer contre les maîtres de la sagesse[31] qu'ils suivent, passe à leurs yeux pour une vertu. Leur doctrine n'est adoptée que par un petit nombre, mais qui sont les premiers en dignité. Ils n'ont pour ainsi dire aucune action ; car lorsqu'ils arrivent aux magistratures, contre leur gré et par nécessité, ils se conforment aux propositions des pharisiens parce qu'autrement le peuple ne les supporterait pas […]. » Ils étaient aussi en désaccord avec les pharisiens quant à certains points de la liturgie, des pratiques rituelles et de l'application de la Loi, ce que confirme Flavius Josèphe[32] : « Les pharisiens ont transmis au peuple certaines règles qu'ils tenaient de leurs pères, qui ne sont pas écrites dans les lois de Moïse, et qui pour cette raison ont été rejetées par les saducéens qui considèrent que seules devraient êtres tenues pour valables les règles qui y sont écrites et que celles qui sont reçues par la tradition des pères n'ont pas à être observées. »

Leurs croyances n'étaient évidemment pas partagées par le peuple, prompt au syncrétisme, « Ils n'atteignent que les gens aisés, ils n'ont pas le peuple de leur côté » ajoute l'historien qui ne nourrissait aucune sympathie envers les saducéens qui le considéraient sans doute comme un renégat depuis qu'il s'était soumis à Rome. Ses éloges allant principalement aux pharisiens, on ne peut pas plus se fier à lui qu'à la documentation rabbinique raillant les saducéens et exprimant son hostilité envers eux en les présentant, entre autres, comme des *am haaretz*[33]. Ils y figurent parfois parmi les personnes ou les groupes n'ayant pas part au monde futur.[34]

Voir aussi *Mat.* 22/23.
[31] C'est-à-dire les pharisiens.
[32] *Antiquités juives*, XIII-297.
[33] C'est-à-dire ignorant, qui n'a pas étudié le *Talmud*. Voir par exemple *Men*, 65ª et *BB* 115ᵇ.
[34] T. *Tosefta, Sanh.* 13,5.

QOHÉLET/L'ECCLÉSIASTE
LE PRÉDICATEUR DÉSENCHANTÉ

Le *Talmud* présente parfois les sadducéens comme des juifs déviants, d'autres fois comme des *minim* (hérétiques) terme qui désigne généralement les chrétiens de l'Église de Paul. Il dit d'eux qu'ils sont orgueilleux très attachés aux plaisirs terrestres et, évidemment, peu préoccupés de l'interprétation de la Loi.

Il faut relever que les Samaritains, étant séparés des Judéens depuis la construction du premier Temple de Jérusalem, n'ont toujours pas accepté la croyance en la résurrection, ni la Loi orale des pharisiens et que, de nos jours, les rabbins ne les considèrent pas comme de véritables Juifs malgré leur attachement au *Pentateuque*.

Le courant de pensée sadducéen se réclamant, selon certains historiens, de Sadoq, le premier prêtre nommé par Salomon, au début du xe siècle av. J.-C., était sans doute déjà fortement présent dans la prêtrise lorsqu'Antiochus Épiphane, gouverneur du royaume séleucide de -175 à -163, tenta d'introduire, d'abord pacifiquement, la civilisation grecque en Judée. Une scission se produisit alors au sein du judaïsme entre les *hassidim* (les pieux), décidés à conserver à tout prix la pureté de la religion, et ceux qui pensaient que l'idéal religieux du peuple était tout à fait compatible avec l'hellénisme du monde ambiant.

Issus généralement de familles aristocratiques, les sadducéens occupaient les fonctions importantes de sacrificateurs au Temple, en contrôlaient l'administration et le culte. De plus, ils étaient omniprésents au sein du sanhédrin mais tous les grands prêtres n'étaient pas, loin de là, proches de leur courant de pensée.

Depuis le début du règne d'Hérode le Grand (37 av. J-C.) il y eut 28 grands prêtres ; seuls le premier, Ananel, et le dernier, Pinas de Habta, élu par tirage au sort par les zélotes qui occupaient le Temple durant la guerre de libération nationale

INTRODUCTION

déclenchée en 63, étaient saducéens. L'idéal saducéen impliquait une théocratie, à savoir l'attente de la purification du pays, la délivrance de l'emprise païenne et la restauration du royaume davidique, c'était donc un parti « politique », ce qui explique qu'un saducéen ait été choisi par les zélotes tandis que les pharisiens étaient un « parti » principalement religieux. Il faut souligner que ce ne sont pas ces derniers mais l'aristocratie sacerdotale et les laïcs des classes sociales privilégiées qui sont arrivés à maintenir la théocratie de la Judée dans le cadre de l'Empire romain. Quant à Anan le Jeune, grand prêtre en 62, Josèphe dit seulement de lui qu'il « suivait les doctrines des saducéens. »[35]

Ces derniers se rallièrent aux Hasmonéens, qui martyrisèrent les pharisiens, quand ils évincèrent les Oniades[36], famille de grands prêtres apparue dans la première moitié du IIIe siècle av. J.-C. Les activités des saducéens se limitaient en général à Jérusalem et on ne les rencontrait que très rarement hors de la capitale. Leur caste était majoritaire au sein du sanhédrin où elle exerçait la fonction de juge.

Leur parti s'affaiblira considérablement après la guerre contre l'occupant romain, qui se soldera par la destruction du Temple en 70, et à laquelle participèrent nombre de pharisiens, dont Flavius Josèphe. Certes, depuis cet événement, les saducéens, qui tenaient un grand rôle au sein du Sanhédrin, ont disparu en tant que groupe « politique », mais cela ne veut pas dire pour autant que leur courant de pensée ait disparu, car on en retrouve plus tard l'expression chez certains dissidents du judaïsme.

---
[35] *Ibid.* xx, 199.
[36] La fonction de grand prêtre était héréditaire dans la familles des Oniades évincée par les hasmonéens. Ces derniers eurent le soutien des saducéens. *Cf.* J. Bonsirven, *Judaïsme palestinien*, Paris, Beauchesne, 1950, t. I, p. 56.

Au VIIe siècle, apparut en Perse un mouvement dirigé par Abou Issa d'Ispahan, qui se présentait comme messie sadducéen et qui influença l'inspirateur du karaïsme[37], Anan ben David. Ce dernier, s'opposant à l'enseignement des rabbins, avait une doctrine comparable à celle des sadducéens et rejetait la Loi orale. Certains membres de cette secte qui existe encore de nos jours, se présentent comme les continuateurs des sadducéens, voire leurs descendants.

Au Xe siècle, un écrit karaïte de Ya'akov al-Qirqisani, *Sefer Tsadok* ou *Livre des lumières et des vigies*, allait confirmer si ce n'est la filiation avec les sadducéens, du moins l'accord avec certaines de leurs idées : « Après les rabbanites [les pharisiens] apparurent les sadducéens, fondés par Sadoq et Boéthos, disciples d'Antigone, un successeur de Simon le Juste ayant reçu de ce dernier l'enseignement. Sadoq fut le premier à exposer les erreurs des rabbanites ; il fut en désaccord avec eux. Il découvrit une partie de la vérité et écrivit un livre dans lequel il les reprit fortement et les attaqua [...]. Comme Boéthos, il était d'avis que la Pentecôte peut tomber seulement un dimanche, ce qui est aussi l'opinion des ananites et de tous les karaïtes. »[38]

Joseph al-Basir, auteur karaïte du XIe siècle, est encore plus précis : « Pendant le second Temple, il y avait des querelles ; la conséquence en était que les rabbanites, appelés pharisiens, avaient la haute main, et la puissance des karaïtes s'affaiblit ;

---

[37] Secte véritablement constituée en tant que telle au IXe siècle. *Cf.* André Paul, *Écrits de Qumrân et sectes juives aux premiers siècles de l'islam. Recherches sur les origines du Quaraïsme*, Paris, Letouzey, 1969 ; H. Desroches, *Dieux d'hommes. Dictionnaire des messianismes*, nelle édition, Paris, Berg International, 2010 ; Yankel Mandel, *Dictionnaire des Messies juifs de l'Antiquité à nos jours*, Paris, Berg International, 2009, pp. 58-61 ; S. Szyszman, *Le Karaïsme*, Lausanne, L'Âge d'Homme, 1980.

[38] Traduction dans Jean Le Moyne, *op. cit.* p. 138. Il faut relever que, comme le *Talmud*, ce texte fait le lien entre les sadducéens et les béothuciens.

ce sont eux qui sont connus sous le nom de sadducéens. »[39] Un autre de leurs textes, l'*Écrit de Damas*, datant du XIIe siècle et découvert par le chercheur Solomon Schechter,[40] fait référence lui aussi à une présence, ou une influence, des thèses sadducéennes au sein de la communauté karaïte qui s'en tenait exclusivement à la Loi de Moïse et rejetait les innovations scripturaires des pharisiens.

Néfesh et rouah dans Qohélet

Le mot hébreu *neshamah*, qui désigne l'âme considérée comme immortelle, n'apparaît pas dans *Qohélet* qui utilise 4 fois le vocable *néfesh*, que la *Genèse* comme le *Lévitique*[41] appliquent aussi bien aux animaux qu'à l'homme. Il désigne le souffle de vie dans chaque être, l'individu dans sa totalité ou simplement la vie[42]. Ce mot n'implique dans le judaïsme ancien aucune idée d'immortalité. Si l'auteur principal de *Qohélet* a jugé bon de n'employer *néfesh* que dans un sens très matériel, pour exprimer le désir dynamique de l'être vivant, c'est évidemment à bon escient et en toute connaissance de cause, pour dire aux syncrétistes de son temps : l'âme est ce qui anime l'être vivant tant qu'il est sous le soleil.

---

[39] *Ibid.*, p. 140.
[40] Considéré comme la personnalité la plus importante du « judaïsme conservateur », c'est-à-dire « libéral » aux États-Unis, Solomon Schechter (1847-1915) mena des recherches dans la *ghénizah* du Caire.
[41] « L'Éternel Dieu [...] souffla dans ses narines un souffle de vie et l'homme devint un être vivant » (*Genèse* 2, 7). Dans la *Genèse*, le mot *néfesh* est utilisé 10 fois pour les animaux. Elle emploie aussi l'expression *népesh-hayah* pour désigner les êtres animés, les distinguant ainsi des astres et du monde végétal ; *Lévitique* 24, 17-18. Le mort n'a ni corps ni souffle de vie (*néfesh*), mais il existe comme ombre semi-consciente, dans le silence (*Psaume* 93,17), sans force, sans souvenir, sans information, sans joie.
[42] *Cf.* Daniel Lys, *Néphesh. Histoire de l'âme dans la révélation d'Israël*, Paris, PUF, 1959.

QOHÉLET/L'ECCLÉSIASTE
LE PRÉDICATEUR DÉSENCHANTÉ

Quant à *rouah*[43], utilisé 16 fois dans le texte, il désigne le vent, l'air, le souffle, comme celui de Dieu qui planait sur la surface des eaux[44] et aussi, comme *néfesh*, le souffle vital.

Pour Qohélet, ce que les pharisiens appellent l'âme n'est pas une substance s'ajoutant à la matérialité du corps, mais simplement le souffle vital impersonnel. *Rouah* étant simple « animation » la même pour l'homme et l'animal, sous le soleil[45]. Si l'on veut parler de l'immortalité de l'âme, il faut l'attribuer autant à l'animal qu'à l'homme. Aussi, ironise-t-il : « Qui sait si le souffle de l'homme s'élève vers le ciel tandis que celui des animaux descend vers la terre ? »[46]. Le *rouah*, dit Qohélet, retourne à Dieu qui l'a donné. Pour lui, la vie n'existe que dans la mesure où Dieu la maintient. *Rouah* comme *néfesh* n'est pas une entité créée en plus et superposée au corps, mais simplement l'animation de ce corps. Il s'en tient au texte de la *Genèse* : « L'Éternel [...] fit pénétrer dans ses narines un souffle de vie, et l'homme devint un être vivant. »[47]

Le scepticisme à propos de la vie de l'âme *post mortem* et ce qui peut apparaître comme le pessimisme de *Qohélet* rendent un ton indéniablement sadducéen. Le thème fondamental du livre tourne autour de la question, bien humaine, de savoir si la vie vaut la peine d'être vécue. La réponse semble d'emblée négative, car « tout est souffle vain ». Qohélet a tout expérimenté : sagesse, plaisirs, richesses sont « souffle vain » ; l'homme est livré aux événements, à l'injustice, à la mort, comme les bêtes,

---
[43] En arabe, *rouh*, qui peut être traduit par souffle, humeur, état d'esprit, a fini par désigner l'âme.
[44] *Genèse* 1, 2.
[45] *Cf. Bible du centenaire*, Paris, S. B. de Paris, 1916-1947 : « L'auteur de l'*Ecclésiaste* prêtera aux morts une inconscience absolue », p. 233, note a.
[46] *Qohélet* IV, 21.
[47] *Genèse*, 2, 7.

et c'est Dieu qui mène le jeu, l'homme n'y peut rien ; il est soumis à l'injustice, au travail, aux nécessités de la vie en commun. La vie est imprévisible, mais doit être prise au sérieux, les efforts humains sont vains et la mort inéluctable ; la sagesse ne sert pas à grand-chose, il faut vivre dans le présent, car tout homme venant de la poussière retournera à la poussière, au Shéol, lieu du non être.

« Dans le Shéol, on ne sent rien, on ne sait rien, on ne voit rien. Les Réfaïm[48] sont un néant ; ils ne louent pas Dieu. Une fois que le souffle de vie est remonté à Dieu qui l'avait donné, le corps se décompose et revient à la terre. »[49]

Pour Qohélet la mort n'est pas un sujet d'inquiétude, il considère qu'elle fait partie de l'existence qui est un don. Il n'exprime pas plus d'angoisse devant la condition précaire de l'homme « sous le soleil ». Il conclut qu'il convient de jouir de la vie sous le regard de Dieu, avant que ne viennent la vieillesse et la mort.

C'est un pur monothéiste ; il exprime la réalité matérielle de la création qu'il aime[50], car elle est l'œuvre de Dieu, et fait la différence entre Créateur et créature par la malédiction de la mort. Aucune trace chez lui du mépris de la matière que l'on trouve chez les Grecs, et toute idée de continuité de survie de l'âme libérée du corps lui est étrangère.

Le temps dans lequel il vit est cyclique : « Ce qui fut est ce qui sera, ce qui a été fait se fera à nouveau, et il n'y a rien de nouveau sous le soleil »[51] et non pas linéaire, maîtrisé par Dieu, comme il l'est pour les pharisiens considérant que le démiurge

---

[48] Peuple ennemi d'Israël qui, selon la *Genèse,* disparut dans sa totalité.
[49] *Cantique d'Ézéchias,* dans *Isaïe* 38, 9 et *sq.,* cité par Ernest Renan, *op. cit.*
[50] « Que la lumière est douce et comme il est bon de voir le soleil ! » xi, 7.
[51] *Qohélet* i, 9.

intervient directement dans l'histoire du monde et des hommes selon leurs mérites.[52]

Les commentaires de l'Écriture dans la judaïsme

Il semble qu'avant même l'apparition du courant pharisien, la tradition orale interprétait, amplifiait et complétait les documents écrits. Après la destruction du Temple en 70, les rabbins, c'est-à-dire les pharisiens, prirent en main les destinées de la nation juive. Ils créèrent un judaïsme sans Temple, mirent en ordre des traditions transmises oralement et par écrit, ouvrirent de nombreuses académies et se livrèrent à un travail d'interprétation de l'Écriture suivant une herméneutique qui se précisa et s'affina et dont les démarches furent consignées dans le *Midrach Halakhah* (Commentaires de la Loi, c'est-à-dire du *Pentateuque*). L'idée de Loi orale vivifiant la Loi écrite s'imposa peu à peu avec la consolidation du judaïsme rabbinique. Pour ce dernier, l'Écriture ne fixe pas la Parole comme le pensaient les sadducéens.

Les rabbins se chargèrent d'une réinterprétation permanente de la Torah et des autres livres qui composent l'Ancien Testament[53], scrutèrent sans cesse les textes pour y trouver un sens qui leur aurait échappé à la première lecture. C'est l'esprit de la Loi, devant correspondre à chaque moment de l'histoire, plus que la Loi elle-même qu'ils recherchaient en la commentant sans cesse et en comparant les différents avis donnés par leurs Sages. Cela conduira à ériger en dogme le caractère révélé de la Loi orale à côté de la nature révélée de la Loi écrite. On en arrivera

---

[52] « Rappelons ici qu'Israël a pris [grâce aux pharisiens] le temps au sérieux, et qu'il y a, pour lui, un sens de l'histoire – alors que la religion dans son ensemble est fuite hors de l'histoire, dans le cycle », A. Lods, *Histoire de la littérature hébraïque et juive*, Paris, 1951.

[53] Selon les *Actes* (8, 30-31) une simple lecture de la Bible ne suffit pas pour en saisir le sens,

à considérer que tous les enseignements des Sages avaient déjà été révélés à Moïse au Sinaï [54]. L'identification de la Torah avec la Sagesse conduira de plus les rabbins à affirmer sa préexistence par rapport à la création[55]. Le caractère normatif de la Torah orale devint le cadre dans lequel devait se dérouler la vie juive.

La *Michnah*, Loi orale ou opinion admise et autorisée par les rabbins, ainsi que la *Guémara*, qui reprend leurs controverses, furent mises par écrit entre le Ier et le IVe siècle, pour finir par former les deux *Talmuds*, celui de Babylone et celui de Jérusalem rédigés en un hébreu mêlé d'araméen.

Le *Midrach* (commentaire ou explication des textes) fut au cours des ans étendu à tous les écrits saints. Les différents *midrachim* datés du Ier au IIe siècle (dont le *Midrach Rabba* sur la *Genèse*, l'*Exode*, etc.), puis entre le VIIe et le Xe siècle le *Midrach Rabba* sur *Qohélet*[56], les *Proverbes*, etc., furent aussi mis par écrit dans le but de normaliser la lecture et la compréhension du texte biblique, tout en faisant appel à l'interprétation allégorique.

Une fois *Qohélet* incorporé au canon de l'Ancien Testament, les rabbins n'ont pas eu de mal à en accorder le contenu avec leurs propres exigences : ils y ont si bien réussi que *Qohélet* a fini par être accepté par les plus littéralistes persuadés que cet ouvrage avait été écrit par le grand roi Salomon. Une œuvre de la main d'un auteur aussi prestigieux et vénérable devait forcément receler un sens religieux profond et des valeurs spirituelles du plus grand prix. Il suffisait donc de détourner le regard du mot à mot pour en trouver la signification masquée, en l'interprétant afin de trouver le message que Salomon, sage et inspiré par Dieu, voulait transmettre.

---

[54] *Talmud*, Menahot 29,b.
[55] *Ibid.*, Pessahim, 54,a.
[56] Dont nous reprenons les commentaires en regard de la traduction.

QOHÉLET/L'ECCLÉSIASTE
LE PRÉDICATEUR DÉSENCHANTÉ

Les rabbins n'ont pas été les seuls à adopter et promouvoir une telle lecture de *Qohélet*. Les Pères de l'Église, eux aussi, d'abord troublés par la présence parmi les Écritures saintes d'un écrit aussi insolite, en ont cherché et trouvé à leur manière le sens profond, symbolique et secret. Est-ce à dire que les interprétations des uns et des autres relevaient d'une imposture ? Certainement pas. Ils ne faisaient que lire *Qohélet* selon leur système de pensée, l'interprétaient en tant que texte des Écritures devant correspondre forcément à leurs dogmes respectifs.

Les quatre sectes juives dont parle Flavius Josèphe : sadducéens, pharisiens, zélotes et esséniens, ont disparu. De nos jours, le judaïsme se fonde principalement sur le mode de pensée pharisien.

Quelques commentateurs juifs

RACHI, Rabbi Chlomo, fils d'Isaac (1040-1105), le plus populaire des rabbins du Moyen Âge occidental, s'imposa principalement par une œuvre exceptionnelle de commentateur de l'Écriture. Ses œuvres principales sont, indéniablement, ses commentaires (*midrachim*) des livres de l'Ancien Testament, dont *Qohélet*, et du *Talmud*. Ils se présentent comme des parenthèses explicatives qui s'insèrent dans le corps même du texte. Son style direct permet au lecteur de s'initier simultanément à la forme et au fond de la dialectique talmudique. Il déclare : « Les *midrachim* sont nombreux ; nos rabbins les ont exposés pour le livre de la *Genèse* et d'autres recueils. Quant à moi, mon but n'est que de fixer le sens littéral du texte sacré. Je n'ai recours à la *haggadah* (le récit) que lorsqu'elle concourt à en établir le vrai sens, d'après son contexte »[57]. Ce qui ne l'empêcha pas cependant de verser quelquefois dans l'analyse allégorique. Si dans le monde juif l'influence de Rachi fut immense, par le

---
[57] Rachi, *Midrach sur Genèse*, III, 8.

truchement du Frère mineur Nicolas de Lyre qui, au XIVe siècle, le traduisit en latin, il inspira l'ensemble du monde chrétien et Luther en particulier. Il reste, pour les judaïsmes tant libéraux qu'orthodoxes, le plus grand commentateur.

ABRAHAM IBN EZRA (1092-1167)[58] commentateur, grammairien, philosophe et astronome, né à Tudela en Espagne, est l'une des plus grandes figures de la pensée juive du Moyen Âge. De tendance néo-platonicienne, il voyait l'origine de l'âme dans l'âme universelle et considérait l'immortalité comme le retour de l'âme humaine à son principe d'origine. Pour lui, la vision prophétique est la conséquence d'une union entre ces deux âmes. Sa doctrine philosophique se trouve dans son traité sur les noms divins (*Sefer ha-Shem*), dans l'interprétation des commandements (*Yesod Mora*) et dans de nombreux passages de ses commentaires bibliques. Selon lui, le monde intelligible préexiste à la Création qui ne représente que la matière. L'univers se compose de trois sphères : le monde intelligible des anges, le monde intermédiaire des sphères célestes, le monde sublunaire, le seul qui soit créé dans le temps[59].

Dans ses ouvrages astrologiques, il essaye de concilier le mouvement cyclique des astres avec la providence divine ne se manifestant qu'à l'égard des êtres qui ont acquis la perfection intellectuelle. Il fit de nombreux commentaires de l'Écriture et en arriva à la conclusion que le passage relatif à la mort de Moïse dans le *Deutéronome*[60], qui lui était attribué par la tradition avec la rédaction totale du *Pentateuque*, ne pouvait être de sa main. Il émit de plus l'idée que les vingt-six derniers cha-

---

[58] *Cf.* G. Vajda, *Introduction à la pensée juive du Moyen Âge*, Paris, 1947.
[59] *Cf.*, H. Greive, *Die Religionsphilosophie des Abraham ibn Ezra*, 1973 ; M.-R. Hayoun, *L'Exégèse philosophique dans le judaïsme médiéval*, Tübinguen, JCB Mohr,1992.
[60] *Deutéronome* XXXIV.

pitres d'*Isaïe* ne sont pas du même auteur, ce que reconnaît de nos jours l'étude scientifique de la Bible. Abraham Ibn Ezra peut donc être considéré comme le premier « critique » juif de la Bible.

Dans l'introduction à son commentaire sur le *Pentateuque*, il réfute les méthodes employées par ses prédécesseurs et rejette l'allégorisme des chrétiens, tout en considérant le *Cantique des Cantiques* comme une allégorie de l'histoire du peuple juif, depuis Abraham jusqu'à la venue du Messie. Il commenta *Qohélet* et attaqua les karaïtes[61] à qui il reprochait de se situer entre la Loi écrite et la Loi orale en les méconnaissant toutes deux.

MAÏMONIDE (1135-1204) codifia le droit talmudique selon un ordre cohérent[62]. Influencé par l'aristotélisme de son époque, il interpréta dans ce sens l'Écriture[63]. La Loi révélée lui apparaissait comme un règlement politique apporté par Moïse à la communauté d'Israël en vue de l'organiser en tant que nation.

SPINOZA (1632-1677) fut, à travers son *Tractatus theologico-politicus* (1670), l'un des précurseurs de ce qu'on appellera la critique biblique. Le philosophe d'Amsterdam ne voyait dans la Torah qu'un pur traité politique, un mythe fondateur dirions-nous, destiné à fédérer le peuple hébreu. Il fut considéré comme athée, ou pour le moins hérétique, et condamné sans appel par le rabbinat. Après sa mort, ses idées eurent néanmoins une influence durable tant dans le monde chrétien que juif.

MOÏSE MENDELSSOHN[64] (1729-1786), adhérant au rationalisme des Lumières, soutint à son tour que la Torah n'est pas un

---
[61] *Cf.* p. 18.
[62] *Michené Torah*, (Répétition de la Torah), 1180.
[63] Dans son *Moreh Nevoukhim* (1190), le *Guide des égarés*.
[64] *Cf.* Maurice-Ruben Hayoun, *Moïse Mendelssohn*, Paris, PUF « Que sais-je ? », 1997.

texte révélé mais seulement une législation donnée au peuple juif promu au rôle de gardien de vérités religieuses fondamentales au milieu d'une humanité où règne toujours la possibilité d'une mauvaise interprétation de ces vérités. Durant la *Haskalah*[65], l'approche traditionnelle des textes bibliques, telle qu'elle se pratiquait dans les maisons d'étude et les académies talmudiques, fut rejetée par les tenants de la science du judaïsme groupés autour de Leopold Zunz (1794-1886). Pour eux, le judaïsme devait faire l'objet d'études objectives et critiques, débarrassées de tout ethnocentrisme, au même titre que n'importe quel objet des sciences de la culture. Alors que le mouvement réformateur, avec Abraham Geiger (1810-1874) et Samuel Holdheim (1806-1860), justifiait sa volonté de réformer le judaïsme dans l'esprit du prophétisme éthique, en se fondant sur les résultats de la méthode historique et l'attachement à l'idée de progrès, une néo-orthodoxie, représentée entre autres par le rabbin Samson Raphael Hirsch (1808-1888) était au premier rang de la lutte contre les Lumières juives. Il posa les bases du judaïsme littéraliste, dit orthodoxe.

Le judaïsme libéral, aux États-Unis principalement mais aussi en France, a adopté la méthode scientifique d'étude de la Bible hébraïque. L'intérêt que les juifs manifestent aujourd'hui pour cette approche est indéniable[66]. En Israël, depuis plusieurs décennies, les archéologues et les philologues sont des plus actifs, tant par leurs interventions sur le terrain que par leurs publications scientifiques concernant outre les manuscrits de la mer Morte trouvés dans les grottes de Qumrân, les livres de la Bible et l'étude de l'araméen comme de l'hébreu biblique.

---
[65] Les Lumières juives.
[66] *Cf.* J. Neusner, B. A. Levine et E. S. Frerichs dir., *Judaic Perspectives on Ancient Israel*, Fortress Press, Philadelphie, 1987.

QOHÉLET/L'ECCLÉSIASTE
LE PRÉDICATEUR DÉSENCHANTÉ

L'exégèse chrétienne

Le christianisme naissant adopta la lecture allégorique de Philon d'Alexandrie (env. -20 +50), juif hellénisé, considérée comme la clé de lecture de l'Ancien Testament dont il réinterpréta les textes. Ainsi, dans l'*Évangile selon saint Luc*, Jésus explique à deux disciples, qui ne l'ont pas reconnu et ne le savent pas ressuscité, que tout ce qui le concerne se trouve dans les livres de Moïse et dans les *Prophètes*.

Quant aux premiers Pères de l'Église – Origène, Ambroise, Augustin – ils désiraient tout ramener à l'Écriture. À leurs yeux, la Bible étant la parole de Dieu, tout en elle devait avoir un sens. De plus, toute connaissance utile à l'homme devait être contenue dans l'Écriture qui comprenait : un sens littéral (dans la *Genèse*, Abraham est centenaire lorsqu'il devient père d'Isaac et il meurt à 175 ans. Son épouse Sarah ayant un âge plus que canonique, lui avait donné ce fils, fait considéré comme historique et que les Pères, pas plus que les rabbins d'ailleurs, ne mettaient en doute), et un sens spirituel à retrouver dans son interprétation allégorique. Si le sens littéral présentait une vérité indéniable, il était en même temps l'allégorie d'un autre sens concernant les relations de l'ancienne et de la nouvelle Alliance. Saint Jérôme (347-420) qui traduisir l'Ecclésiaste et le commenta suivit la même démarche.[67]

L'exégèse allégorique commençait donc à être appliquée à des textes fort éloignés de la tradition gréco-romaine : les livres bibliques. Tout ce qu'il y avait de vrai et d'utile dans les enseignements des philosophes grecs et latins – sur Dieu, sur l'univers, sur le bien et le mal – devait forcément se retrouver

---

[67] Saint Jérôme, qualifié docteur de l'Église en 1298, étant particulièrement représentatif de ce courant exégétique, nous reprenons certains de ses commenaires en regard de la traduction.

dans la Bible plus complètement et plus parfaitement sous le voile de l'allégorie.

Cette lecture expliquait la déchéance d'Israël en faisant découvrir dans les événements passés, outre leur sens propre, une signification nouvelle. Mais bien des passages des Écritures résistaient à la lecture allégorique, car leur sens venait naturellement à l'esprit.

Néanmoins, la Bible étant la parole de Dieu, rien d'insignifiant ne devait s'y trouver. On allait donc recourir plus que jamais à la méthode qui s'était formée et affinée chez les Grecs. Dans une telle exégèse, le contenu de l'allégorie a trait à la nature divine, à l'ordre du monde, à la morale, à l'histoire. Pour certains biblistes modernes, les allégories intemporelles découvertes par les Pères dans de nombreux passages de la Bible sont une regrettable intrusion de la philosophie grecque.

Avec la scolastique, on observa une évolution : il fut mis de l'ordre dans la classification des différents sens de l'Écriture ce qui entraîna une modification du vocabulaire. Une formule fréquemment citée résume le nouveau système : « La lettre enseigne l'histoire, le sens allégorique ce qu'il faut croire, le sens moral ce qu'il faut faire, le sens anagogique [c'est-à-dire le sens le plus profond et le plus caché des Écritures] ce qu'il faut espérer. »

À partir de la Renaissance, l'exégèse allégorique fut contestée dans le monde chrétien. Luther et les Réformateurs condamnèrent la doctrine des quatre sens de l'Écriture, qu'ils accusaient de ménager des échappatoires aux théologiens cherchant à fausser le message authentique de la Bible. L'exégèse allégorique conserva néanmoins son crédit chez les catholiques, pendant que la tendance encyclopédique dominait en Occident.

Guillaume Budé (1468-1540) créa ce qui allait devenir le Collège de France, où l'on enseignait le grec et l'hébreu en plus du latin.

Depuis le début de la chrétienté, la Bible ne fut longtemps que la réunion de livres dont le canon était défini par l'Église. À partir du concile de Trente[68], ce canon fut déclaré « règle de foi », le texte latin de la *Vulgate*[69] étant présenté comme seul authentique.

Ainsi approchait-on encore les Livres saints, jusqu'a ce que, à la fin du XVIIIe siècle, l'histoire biblique moderne, avec son parti pris d'objectivité et de critique, vit le jour.

La philologie

Au XVIIIe siècle, les progrès de l'historicisme portèrent un coup fatal à l'allégorisme catholique. Les recherches reflétaient alors la personnalité du critique et celle présumée de l'auteur. L'acte de lecture devait permettre de revivre le texte dans l'esprit de l'auteur lui-même. K. Lachmann (1793-1851), helléniste, latiniste et germaniste, alla plus loin encore dans la préface de son édition du Nouveau Testament (1842). Il pratiqua un mode de classification des manuscrits et d'établissement des textes. Cette méthode, dite des fautes communes (qui ne fut

---

[68] Convoqué par le pape Paul III en 1542, en réponse aux demandes formulées par Martin Luther dans le cadre de la Réforme protestante, il débuta le 13 décembre 1545. Étalées sur dix-huit ans, ses vingt-cinq sessions couvrirent cinq pontificats et se tinrent dans trois villes. En réaction à la Réforme protestante, il confirma la doctrine du péché originel, justifia l'autorité de la Bible spécifique au catholicisme romain et confirma les sept sacrements, le culte des saints et des reliques ainsi que le dogme de la transsubstantiation. Sur le plan disciplinaire, il créa les séminaires diocésains, destinés à former les prêtres.

[69] La *Vulgate* (du latin *Vulgata* qui signifie « divulguée ») désigne la version latine de la Bible, traduite du texte hébreu par saint Jérôme, entre la fin du IVe et le début du Ve siècle.

appliquée qu'à partir de la fin du XIXᵉ s.), permet de dresser la généalogie des manuscrits d'une œuvre et de dégager des critères de valeur et des principes de reconstitution. Fortement attaquée au début du XXᵉ siècle, cette méthode est encore largement utilisée aujourd'hui.

Vers 1840 apparut l'expression de « philologie comparée ». Des buts que visait jadis la philologie, seul le premier (l'établissement du texte authentique) demeura ; les autres relevaient de disciplines diverses ou furent considérés comme non scientifiques. L'étude philologique d'un document comporte sa datation, son déchiffrement (paléographique ou bibliologique), la collation des versions, l'examen comparatif et critique des variantes, la recension du texte, vérification sur ce que l'on considère comme l'original ou la plus ancienne version, le classement et l'interprétation des fautes, le repérage des interpolations, l'établissement des critères d'authenticité.

L'Église et la philologie

Dans l'après Deuxième Guerre mondiale, le renouveau patristique sembla rendre quelque audience aux exégèses d'un Origène ou d'un Ambroise, mais cinquante ans après la promulgation de l'encyclique de Léon XIII sur la Bible et les études bibliques, *Providentissimus*, Pie XII fit bouger sérieusement et irrésistiblement les choses avec son encyclique de 1943, *Divino afflante Spiritu*. Il préconisa le recours aux langues anciennes ainsi que l'utilisation de « toutes les ressources que fournissent les différentes branches de la philologie », tout en affirmant que « le texte primitif a plus d'autorité et plus de poids qu'aucune version, même la meilleure, ancienne ou moderne ».

Dès lors, il plaçait la *Vulgate* dans la série des versions anciennes de la Bible, ouvrant ainsi la voie pour les catholiques à l'usage de la Bible dans ses traductions en langues modernes à partir d'un texte établi scientifiquement.[70]

La réforme de la liturgie catholique qui a suivi Vatican II a provoqué une véritable révolution pour l'étude de la Bible. On a alors parlé de « renouveau biblique ». L'interprétation allégorique fut rejetée, car il fallait créer un langage religieux compréhensible par tous.

L'Église catholique redonne depuis à la Bible son statut d'Écriture sainte, avec les prérogatives de témoin privilégié de la Révélation et, à ce titre, de source majeure de tout acte cultuel et de tout enseignement doctrinal. La Bible n'est plus « protestante », elle est devenue chrétienne. Au discours basé sur le texte latin institué, qui régulait l'ensemble des actes dogmatiques et des pratiques religieuses, s'est substitué, pour les catholiques, un « langage biblique ». Si l'enseignement protestant honorait depuis longtemps les textes de l'Ancien comme du Nouveau Testament, dans les pays latins, et particulièrement en France, l'étude de la Bible n'était réservée qu'aux séminaires.

En France, un nouveau courant de pensée, annonçant Vatican II, a favorisé l'apparition de la *Bible de Jérusalem*, dirigée par les dominicains et réalisée, sur la base d'un important travail scientifique et littéraire, par un groupe de biblistes catholiques. Publiée pour la première fois en 1955, cette Bible est celle des populations francophones, catholiques mais aussi protestantes. Bien plus, comme les premières Bibles publiées dans les langues de l'Europe occidentale, et qui étaient des traductions de la

---

[70] La première traduction de la Bible juive en français à l'usage des fidèles, remonte à la fin du XIXe siècle : *La Bible. Traduction nouvelle avec l'hébreu en regard*, par Samuel Cahen, éditée en bilingue hébreu/français (1851). Elle sera suivie peu de temps après par *La Bible du Rabbinat* de Zadoc Kahn (avec de nombreux collaborateurs), Paris, 1902.

Vulgate, elle fut elle-même traduite – avec souvent recours aux textes « originaux », toujours avec les introductions et les notes d'origine – dans la majorité des pays européens.

Le concile Vatican II, dans sa constitution dogmatique *Dei Verbum* de 1965[71], est allé plus loin encore sur la voie ouverte par Pie XII. L'enseignement de la Bible, dans ses traductions modernes, devint un devoir. Bien plus, le concile a permis et même préconisé que, « si les circonstances s'y prêtent et si l'autorité de l'Église les approuve », les traductions de la Bible « puissent être utilisées par tous les chrétiens ». Cette constitution a suggéré aussi « que l'on en établisse des éditions munies d'annotations appropriées qui puissent servir également aux non chrétiens et adaptées à leur situation ».

Ces perspectives d'ouverture biblique, véritable appel à un travail scientifique, philologique surtout, sont une invitation pour les laïcs à l'étude de la Bible. L'un des résultats marquants fut l'élaboration et la publication de la fameuse *Traduction œcuménique de la Bible* (T.O.B.). Les biblistes, catholiques, protestants et orthodoxes réunis, répondirent ainsi à l'appel de Vatican II.

L'Église catholique entérina les procédures de ces méthodes austères et savantes, largement instituées dans les universités d'outre-Rhin. En dépit d'hostilités déclarées, on les enseigna dès les années 1960, quasi officiellement, même à l'Institut biblique pontifical de Rome. En 1964 le pape Paul VI intervint publiquement pour admonester ceux qui résistaient encore à l'ouverture des études bibliques à la science contemporaine.

En 1965, le spécialiste de l'Ancien Testament Paul Beauchamp publia *Création et séparation*, ouvrage dans lequel il

---

[71] *Cf.*, Christophe Théobald, *Dans les traces… de la constitution de Dei Verbum du concile Vatican II*, Paris, Le Cerf, 2009.

apparaissait comme un « exégète structuraliste »[72]. Parallèlement, dans un séminaire parisien de l'École pratique des hautes études, on recourait, pour l'étude des récits évangéliques, aux concepts et modèles de la *Sémantique structurale* que A. J. Greimas (1917-1992) avait publiée en 1966[73].

En septembre 1969, le congrès bisannuel, tenu à Chantilly et préparé par les jésuites lyonnais de l'Association catholique française pour l'étude de la Bible, allait mettre ces essais en lumière. La journée dont Roland Barthes (1915-1980) fut la vedette s'avéra embarrassante pour nombre de participants. L'idée nouvelle apportée par le sémiologue aux biblistes est que l'auteur doit céder sa place au lecteur, qui réécrit le texte pour lui-même : l'auteur n'est donc plus le garant du sens de son œuvre. Par ailleurs, Barthes souligna que l'approche traditionnelle de la critique littéraire soulevait un problème complexe : comment pouvait-on connaître précisément l'intention de l'auteur ? Sa réponse est qu'on ne le pouvait pas. Lorsque l'auteur est mort, on le lit en conformité avec l'idée que l'on se fait de lui. Dire avoir « lu la Bible » signifie avoir lu ses livres et non pas connaître la pensée profonde des hommes qui les ont rédigés ou la raison pour laquelle ils l'ont fait, même si l'on connaît les circonstances historiques qui ont provoqué ces rédactions. L'auteur est donc, selon Roland Barthes construit à partir des lectures que l'on fait de ses écrits, et non pas l'inverse.

Il faut aussi mentionner l'analyse sémiotique qui se concentre sur l'étude du texte biblique tel qu'il se donne à lire dans

---

[72] Paul Beauchamp, *Création et séparation. Étude exégétique du premier chapitre de la Genèse*, Paris, Aubier Montaigne 1962 ; réédition Paris, Le Cerf, 2005.

[73] A. J. Greimas, *Sémantique structurale*, Paris, Larousse, 1966. *Cf.*, aussi la revue *Langages*, n° 22, de juin 1971 et l'ouvrage de C. Chabrol et L. Marin, *Le Récit évangélique*, Paris, Desclée de Brouwer, 1974.

INTRODUCTION

son état actuel. Depuis les années 1970, l'étude ou « critique de la rédaction » va s'attacher principalement à la forme dernière du texte et le valoriser. C'est bien la théologie de l'auteur, pour les *Évangiles* par exemple, celle de Matthieu, différente de celle de Marc ou Luc, etc., que l'on veut saisir et mettre en perspective.

Libre donc à chacun de lire *Qohélet* comme il le souhaite. « En général, du reste, on lit mal quand on lit à genoux. »[74]

G. N.

---

[74] Ernest Renan, *L'Ecclésiaste, op. cit.*, « Étude sur l'âge et le caractère du livre ».

NOTE DU TRADUCTEUR

Cette nouvelle traduction de *L'Ecclésiaste*, après bien d'autres, les unes prestigieuses, les autres honorables, d'autres encore étonnantes, est faite à partir du texte hébreu des éditions disponibles, texte proposé à la lecture des fidèles. Si les éditions les plus anciennes connues à ce jour, et datant du ixe siècle de notre ère, peuvent présenter ici ou là des variantes graphiques ou grammaticales mineures, elles ne diffèrent pas par le sens.

Une traduction se doit d'être stricte, impartiale, désireuse de transmettre tant la beauté du texte original que sa saveur, son rythme, sa poésie, mais aussi de répondre aux exigences de la langue française. Nous nous sommes donc efforcés de respecter ces règles.

L'auteur de *Qohélet* rend compte de l'état du monde et des hommes dans un texte limpide, parfois d'une grande beauté poétique, doté d'une certaine musique, d'un rythme soutenu par son antienne : « Souffle vain ». Rédigé dans une langue fort belle, ce court texte est tout à fait perceptible aux locuteurs de l'hébreu contemporain.

Parmi les traductions disponibles, trop nombreuses pour être toutes mentionnées, signalons, parmi les plus marquantes, celle de Louis Segond, qui rend fort bien le côté poétique et lancinant de l'œuvre, celle du rabbinat, répondant de manière très stricte à la tradition juive, celle de *La Sainte Bible* traduite en

KOHÉLET/L'ÉCCLÉSIASTE
LE PRÉDICATEUR DÉSENCHANTÉ

français sous la direction de l'École biblique de Jérusalem, sévère, chrétienne, voire austère et didactique, s'appuyant quand il y a nécessité sur les traductions grecques, enfin pour les anglicistes la prestigieuses traduction éditée une première fois en 1611 et disponible dans un édition actuelle, *Authorized Version or King James Bible, Revised Standard Version* (RVS), 1952, un joyau de la littérature anglaise.

Y. M.

Qohélet

Provenance des commentaires (*cf.* « Bibliograhie sommaire » p. 75).
Bible commentée : Kohélet (B. C.)
Bible de Jérusalem (B. J.)
Bible du rabbinat en français (B. R.)
Commentaire de Ibn Ezra sur l'Ecclésiaste (Ibn Ezra)
Commentaire de Rachi sur l'Ecclésiaste (Rachi)
Commentaire de Saadia Gaon sur l'Ecclésiaste (Saadia Gaon)
Commentaire de saint Jérôme sur l'Ecclésiaste (St. Jérôme)
Midrach Rabbah sur Qohélet (M. R.)
Talmud (T. suivi du nom de traité en italique)
Traduction œcuménique de la Bible (TOB)

Ces commentaires sont précédés du numéro du verset correspondant. Ceux qui sont précédés du signe * sont de l'auteur de l'Introduction ou du traducteur.

« Les Sages ont d'abord cherché à cacher le livre de Qohélet, car ils y ont trouvé des jugements qui tendaient à l'hérésie. Ils ont pensé que toute la sagesse de Salomon ne lui servit qu'à dire : quel bénéfice y a-t-il pour l'homme dans toute activité. On pourrait penser à étendre cette question à la Torah ! Mais ils se sont ravisés en disant : Salomon n'a pas dit "dans toute activité" ; il précise au contraire "dans *son* activité". Il n'y a donc pas de bénéfice à ne s'occuper que de sa propre activité, tandis qu'il y en a un à s'occuper de la Torah. » M.R. 1,4.

I

1- Paroles de Qohélet*, le prédicateur désenchanté, fils de David, roi à Jérusalem.

2- Souffle vain*, dit l'Oracle, tout est vain, inconsistant.

3- Quel profit tire l'homme de son labeur sous le soleil ?

4- Une génération nous quitte, une autre paraît et la terre* demeure inchangée !

5- Le soleil se lève, le soleil se couche et s'en va briller où bon lui semble.

6- Le vent souffle vers le Midi, tourne vers le Septentrion, tourne et s'en revient comme toujours.

7- Tous les fleuves vont à la mer qui ne s'emplit guère et des lieux vers lesquels ils vont, ils reviennent pour couler encore et encore.

8- Tout est lassitude que l'homme ne peut exprimer. L'œil ne se satisfait guère de voir, pas plus que l'oreille d'entendre.

9- Ce qui fut est ce qui sera, ce qui a été fait se fera à nouveau, et il n'y a rien de nouveau sous le soleil*.

*Qohélet peut aussi être traduit par « l'orateur », ou « l'oracle ». *Hevel havalim* (au mot à mot souffle des souffles), est ici traduit par souffle vain. *Hevel* veut aussi dire en hébreu « néant », « vapeur », « buée », « haleine », c'est-à-dire tout ce qui est voué par sa nature même à disparaître.

Ibn Ezra relève que les versets 4-7 font référence aux quatre éléments.

⁷« Ces eaux s'infiltrent sous terre et reviennent vers la source, leur point de départ. » Rachi

*Au mot à mot : « La terre tient toujours. »

³« Rab Houna et Rab Aha enseignaient au nom de Rab Halphi : "L'activité de l'homme sous le soleil, certes, mais il existe pour lui un trésor au-dessus du soleil". » M.R.

⁴« La première génération qui a été celle des juifs s'efface, et lui succède la génération qui rassemble les nations païennes, elle demeurera assez longtemps pour que l'Église succède à la Synagogue. » St. Jérôme

⁷« Il s'agit du Talmud qui contient tant de sagesse. » M.R./Proverbes

¹« Selon le sens spirituel, celui qui est pacifique, aimé de Dieu le Père, et qui est notre Ecclésiaste, c'est le Christ, lui qui en détruisant le mur de séparation et en chassant le mal de la chair, a fait de l'un et de l'autre une seule et même unité. […] La parole de Dieu ne lui vient pas comme à Jérémie et aux autres prophètes, mais […], puisqu'il est Verbe et qu'il possède la sagesse ainsi que toutes les autres vertus, il dépose sa parole aux hommes de l'Église . » St. Jérôme

¹⁰⁻¹¹« Parfois quelque chose se produira sous le soleil dont on pourrait te dire : "Regarde, c'est nouveau !" mais ce n'est pas le cas, cela a déjà existé dans les temps qui nous ont précédés. Les choses nous paraissent nouvelles uniquement parce que nous ne conservons pas le souvenir de ce qui était jadis. […] Ceux qui vivront après nous ne resteront pas dans le souvenir de ceux qui leur succéderont. » Rachi. « Seuls les "Empires spirituels" continuent à vivre pour l'éternité et sont réservés pour l'au-delà. » Sa'adia Gaon

10- Et si l'on nous dit : regarde, cela est nouveau ! ce n'est là encore que reflet du temps passé.

11- On ne se souvient pas plus des origines que de ce qui est présent, ainsi des événements à venir qui tomberont dans l'oubli.

¹¹« De nombreux prophètes surgirent en Israël dont le nom ne fut même pas mentionné ; mais, dans l'au-delà, le Saint, béni soit-il, viendra pour les emmener avec lui. » M. R.

12- Je suis l'Oracle, je régnai à Jérusalem.

˙Le « cœur » est souvent employé dans les Écritures pour désigner le siège des émotions et l'intellect.

13- J'eus à cœur˙ de chercher et de sonder toute sagesse, ainsi que ce qui se fait sous les cieux. Triste cadeau que fit Dieu à l'homme qui se trouva ainsi redevable.

14- J'ai contemplé ce qui se fait sous le soleil, tout est souffle vain, vent mauvais.

˙Le Talmud met le verset 15 en relation avec le cas de celui qui a fauté et a donné vie à un bâtard. Le fruit de son péché reste, ainsi que son péché, à la différence du voleur repenti qui rend un bien dont il s'était emparé. T. *Hag.* 9a

15- Ce qui est tordu ne peut être redressé et le manque ne saurait être comblé˙.

16- J'eus à cœur de faire preuve de plus de sagesse que mes prédécesseurs à Jérusalem ; j'y trouvai beaucoup de raison et de connaissance.

¹³« Mon désir de connaître les choses, dit-il, m'a amené à me rendre compte que ce vain et déchirant souci a été donné par Dieu aux hommes afin qu'ils aient le désir de savoir qu'il n'est pas permis de savoir. » St. Jérôme

17- Je m'imposai de connaître davantage la sagesse, le savoir, tout comme la folie et la déraison pour

¹⁷⁻¹⁸« L'abondance de sagesse conduit l'homme qui la détient à s'y fier et à ne pas s'écarter de l'interdit, ce qui provoque le courroux chez le Saint, béni soit-il. […]. Salomon a compté sur sa sagesse en amassant or, chevaux et femmes, alors qu'il avait été mis en garde de ne pas les accumuler. C'est pourquoi il s'est exprimé ainsi : "par l'abondance de sagesse vient l'abondance de chagrin". » Rachi

[1] « "la joie" fait allusion à une joie non liée à un commandement. Cela nous enseigne que la Présence divine ne repose pas sur l'homme mélancolique, indolent, frivole, léger, bavard, animé de vaines aspirations, mais uniquement pour couronner un sentiment de joie né de l'accomplissement (*mitsvah*) d'un commandement. T. *Chab.* 30b. « "La joie" à quoi sert-elle ? C'est-à-dire quel bien est-ce ? [...] Elle est mauvaise dans son essence même. » Rachi

constater que, là encore, c'était poursuite du vent.

18- Plus de sagesse mène à plus de colère, et qui accède à plus de raison est confronté à plus de douleur.

[1] « J'ai résolu de stimuler et de choyer ma chair en l'abreuvant de vin, car tout repas plaisant est associé au vin. [mais] mon cœur restait attaché à la lecture de la Torah. » Rachi.

[2] « Rabbi Abba ben Kahana a dit : "qu'il est insensé, le rire des païens dans leurs cirques et leurs théâtres !" Quelle raison aurait un disciple des Sages à pénétrer en un tel lieu ? » M. R.

II

1- Je me dis : consacrons-nous à la joie afin de trouver le bonheur, mais je vis que cela même était vain.

2- Rire, me dis-je, est folie, quant à la joie, à quoi bon ?

3- Je décidai de livrer mon corps au vin, mais entendis cependant garder raison. J'embrassai la folie à bras-le-corps afin de voir ce qu'elle pouvait apporter à l'homme durant les jours de sa vie.

4- J'entrepris plus encore, je construisis des demeures, plantai des vignes.

5- Je me fis jardins et vergers, y plantai des arbres fruitiers de toute sorte.

6- Je fis construire des bassins afin d'arroser les arbres de la forêt.

[2] « Ceux qui laissent éclater ce rire dont le Seigneur dit dans l'Évangile qu'il se changera en pleurs. » St. Jérôme

[5] « Le sens ici est littéral. Rabbi Abba ben Kahana a dit : "Salomon se servit des esprits. Il les envoya en Inde d'où ils ramenèrent de l'eau pour arroser les piments et ils donnèrent des fruit". [...] En vérité, Salomon, dans sa sagesse, se tenait au centre de la terre où convergent les différentes racines des plantes. » M. R.

[4-6] « Les demeures, c'est-à-dire des synagogues et des maisons d'étude. [Il faut souligner qu'à l'époque de Salomon ces institutions n'existaient pas]. Les vignes correspondent aux disciples plantés en rangs semblables aux rangées de vigne [...]. Les jardins et les vergers sont une allusion aux grands recueils de la *Michnah*, par exemple ceux de Rabbi Hiya Rabba et de Bar Kappara. [...]. Les arbres fruitiers désignent le Talmud qu'ils contiennent, ils sont aussi les élèves qui étudient [...]. Les bassins est une référence aux disciples qui étudient. » M. R.

7- J'achetai esclaves et servantes, j'eus des gens de maison, aussi des troupeaux nombreux de bovins, des ovins, et possédai plus encore que mes prédécesseurs à Jérusalem.

8- J'accumulai l'or et l'argent, le trésor des rois et des cités, je me procurai musiciens et chanteuses, les délices faits pour l'homme, de nombreuses concubines.

9- Au faîte de la puissance, j'acquis plus que mes prédécesseurs à Jérusalem tout en gardant raison.

10- Ce que mes yeux désiraient, je le leur donnai, je ne me privai d'aucune joie ; mon cœur se réjouissait de ces efforts et c'était là ma rétribution.

11- Je m'interrogeai sur mon œuvre, mon labeur, et dus convenir que tout est souffle vain et qu'il n'y a rien de bon sous le soleil.

12- Je me tournai vers la sagesse, la folie, la sottise aussi, et me demandai ce que ferait celui qui viendrait après le roi, et qui n'eût déjà été fait.

[7]« Si nous voulons, comme nous l'avons dit, continuer à voir dans l'Ecclésiaste la personne du Christ, nous pouvons considérer comme ses esclaves achetés ceux qu'habite un esprit de crainte dans la servitude, et qui désirent, plus qu'ils ne possèdent les biens spirituels. On peut encore appeler servantes achetées les âmes qui sont encore tout entières dévouées au corps et à la terre. On peut aussi appeler nés au domaine ceux qui sont issus de l'Église. » St. Jérôme

[8]« Quant aux richesses des rois et des provinces ou des pays, il les a rassemblées comme il l'a fait des croyants au sein de l'Église. [...] La chanteuse en revanche [...] ne peut laisser sa voix gagner les hauteurs. Chaque fois que dans les Écritures on trouve une femme, ou une allusion au sexe faible, il nous faut chercher une évocation de la matière. » St. Jérome.

[12]« Lire "je me tournai" (*piniti*), c'est-à-dire "je me suis vidé" comme la coupe qui est alternativement remplie puis vidée. De même, Salomon a successivement appris puis oublié la Torah. [...] Rabbi Hanina ben Papa a dit : "la sottise renvoie aux intrigues de ceux qui gouvernent et la folie aux difficultés que cause le manque de sagesse". Pour Rabbi Chimon, la sottise fait référence à la sottise de l'hérésie et la folie signifie la démence. » M. R.

[8]« Cela se réfère à la reine de Saba qui vint pour confronter sa sagesse à la sienne en le questionnant, mais elle ne put le battre. » M. R.

[10]« "Ce que mes yeux désiraient" c'est-à-dire des femmes. [...] "d'aucune joie" c'est-à-dire de la joie que procurent les femmes. » M. R.

[14] « Celui qui sera arrivé à la perfection de l'homme et sera parvenu à ce que la tête de celui-ci soit le Christ, aura toujours ses pensées tournées vers le Christ et jamais ses pensées ne seront basses. Aussi bien, comme il y a entre le sage et le fou une distance telle que l'un peut être comparé à la lumière et l'autre aux ténèbres, est-il normal que l'un lève les yeux vers le ciel et que l'autre les tiennes baissés vers la terre […]. Le sage et le fou connaîtront une fin identique dans la mort. »
St Jérôme

*Au mot à mot : « le sage a ses yeux dans la tête et le sot chemine dans les ténèbres. »

13- Je vis bien que la sagesse l'emporte sur la folie comme la lumière sur les ténèbres.

14- Le sage fait preuve de lucidité, le fou erre dans la nuit* et je sus ce qui nous attend, à tous.

15- Tel est le sort du fou, tel sera le mien quelle que soit ma sagesse, cela aussi est souffle vain.

16- On ne se souvient pas plus du fou que du sage, tout est oubli ; meurent le sage et le fou.

[13] « On a enseigné au nom de Rabbi Meyer que tout comme il y a avantage de la lumière sur les ténèbres, il y a supériorité des paroles de la Torah sur les paroles de vanité. » M. R.

[17] « […] Il a bien raison de détester ce qui se fait sous le soleil. Évidemment, en comparaison du Paradis et de la béatitude de la vie qu'on y vivait et dans laquelle la nourriture n'était que fruits spirituels et vertus délicieuses, maintenant c'est bien comme dans une prison. » St. Jérôme

17- Je pris la vie en horreur, mauvaise vie que la nôtre sous le soleil !
Tout est souffle vain et poursuite du vent.

18- Je hais ce labeur sous le soleil que je laisserai à celui qui viendra après moi.

19- Et qui sait si c'est un sage ou un fou qui recueillera le fruit de ces efforts, et qu'importe la sagesse de mon existence, tout ceci n'est que souffle vain.

20- Mon cœur fut mis à mal : tout ce travail effectué en vain sous le soleil !

[17] « Car Salomon a su par prophétie que la génération de son fils, Rehavam, serait impie. » Rachi

[18] « Imiquentron écrivit à l'empereur Hadrien : "Si ta haine va aux circoncis, il y a aussi les ismaélites ; si elle va à ceux qui observent le Chabbat, il y a aussi les samaritains, mais il se trouve que ta haine ne va qu'à Israël, et leur dieu t'infligera un châtiment." […]. Hadrien ordonna qu'on le décapite et l'interrogea […]. Il répondit : "Tu me délivres de trois expériences pénibles : mon appétit me réclame de la nourriture matin et soir mais je n'ai rien à lui donner, il en est de même pour ma femme et aussi pour mes enfants." Hadrien déclara : "Puisque ta vie est si triste, abandonne-là", et l'homme s'appliqua ces paroles : Je déteste la vie. » M. R.

[21] « Rabbi Yehouda ben Chimon a dit : "Grand est le pouvoir d'imagination des prophètes qui comparent la créature à son Créateur". […] Il a dit aussi : "Voici un passage qui le démontre plus clairement encore : et sur cette forme de trône, un être ayant apparence humaine (*Éz.* 1, 26)". […] Rabbi Bérékhia a dit : "C'est sans astreinte et sans peine que le Saint, béni soit-il a créé son univers, car il est écrit : Par la parole de Yahvé les cieux ont été faits (*Ps.* 33, 6)".[…] "Celui qui n'a rien fait" est une référence à la génération d'Énoch et à celle du Déluge. » M. R.

21- Celui qui a œuvré avec sagesse, avec compétence et profit, livre le produit de son labeur à celui qui n'a rien fait ; cela est vain et vent mauvais.

22- Et qu'en est-il de son labeur, de son dessein sur terre et de tous ses efforts sous le soleil ?

23- Les jours de l'homme ne sont que peine et irritation qui le préoccupent, ainsi des nuits où il ne trouve le repos. Tout ceci est vain.

24- Manger, boire, trouver du plaisir dans le travail, rien de tel ; là aussi je considère que c'est un don de Dieu.

[22] « La connaissance et l'ardeur peuvent-elles être du domaine de ces richesses terrestres auxquelles il a consacré son labeur, alors que c'est précisément faire preuve de sagesse, de connaissance et de vertu que de fouler aux pieds les biens de cette terre ? » St. Jérôme

[25] « Qui a droit plus que moi-même aux fruits de son labeur ? Seuls les méchants sont incités à accumuler tous leurs biens pour d'autres. » Rachi

25- Qui plus que moi désire assouvir ses sens ?

26- Tant l'abondance comme le manque nous viennent de Dieu. Il confie au pécheur le soin de recueillir ces biens afin de les remettre à qui a Sa faveur. Cela aussi est souffle vain et poursuite du vent.

III

1- Un temps pour chaque chose, chaque chose en son temps.

[1] « Adam eut un temps pour entrer au jardin d'Éden, et il eut un temps pour le quitter. Noé eut un temps pour entrer dans l'arche et il eut un temps pour la quitter. Abraham eut un temps pour recevoir le commandement de la circoncision et certains de ses descendants eurent un temps pour être circoncis en deux lieux qui sont l'Égypte et le désert. » M. R.

² « Il n'est douteux pour personne qu'aussi bien la naissance que la mort de l'homme sont connues de Dieu et déterminées par lui, et qu'enfanter a le même sens que planter, comme mourir a celui d'arracher ce qui a été planté. [...] Un temps pour l'amour, celui dont Dieu les aima autrefois du temps de leurs pères. Un temps pour la haine, car ils ont porté la main sur le Christ. Un temps pour la guerre contre eux qui ne se repentent pas, et un temps pour la paix, dans le futur, quand, avec l'ensemble des nations, Israël tout entier sera sauvé. »
St. Jérôme

¹⁻⁸ « La Torah eut un temps pour être donnée à Israël. Rabbi Bibi a dit : "Une chose eut un temps au-dessus du ciel, et voilà qu'on la trouve sous le ciel. De quoi s'agit-il ? De la Torah, ainsi qu'il est dit : Dieu prononça toutes ces paroles, et dit... (*Ex.* 20, 11). » M. R.

2- Un temps pour naître, un temps pour mourir. Un temps pour planter, un temps pour déraciner.

3- Un temps pour tuer, un temps pour guérir. Un temps pour détruire, un temps pour bâtir.

4- Un temps pour pleurer, un temps pour rire. Un temps de deuil, un temps pour danser.

5- Un temps pour jeter des pierres, un temps pour en ramasser. Un temps pour l'étreinte, un temps pour la séparation.

6- Un temps pour chercher, un temps pour perdre. Un temps pour conserver, un temps pour jeter.

7- Un temps pour déchirer, un temps pour coudre. Un temps pour chuchoter, un temps pour parler.

8- Un temps pour aimer, un temps pour haïr. Un temps pour la guerre, un temps pour la paix.

9- À quoi bon se donner du mal ?

10- Je vis ce que Dieu offrit à l'homme afin qu'il y prenne goût.

⁵ « [Les pierres] sont les jeunes gens d'Israël qui ont été disséminés lors de la destruction du Temple comme il est écrit "les pierres de sainteté sont éparpillées" [...]. [Pour les ramasser] : pour les rassembler depuis la Diaspora : "leur Dieu leur prêtera main-forte, en ce jour, à ce peuple qui est son troupeau, car ce sont des pierres de diadème étincelant sur son territoire". »
Rachi

² « Quand une femme s'apprête à accoucher, elle est appelée *hayeta* ; pourquoi la nomme-t-on ainsi ? Parce qu'elle passe près de la mort et puis revit (*haya*). Et pourquoi la nomme-t-on *meabalta* ? Parce qu'elle est donnée en gage dans la maison de la mort. [...] Rabbbi Chimon a dit au nom de rabbi Nathan : "Il est écrit le Shéol est le sain stérile". Pourquoi le tombeau apparaît-il auprès de la matrice ? Pour t'apprendre que tout comme l'enfant est extrait de la matrice dans les cris, le mort sera extrait du tombeau au jour de la résurrection dans les cris. » M. R.

¹³« Mieux encore, étant donné que la chair du Seigneur est la vraie nourriture et son sang la vraie boisson, selon l'allégorie, il faut considérer que manger sa chair et boire son sang, non seulement lors de la célébration de la messe, mais encore lors de la lecture des Écritures est le seul bien que nous ayons dans ce siècle qui est le nôtre. Car la vraie nourriture est la boisson que l'on tire de la parole de Dieu, c'est la connaissance des Écritures. Et que personne n'aille chercher de prophétie dans cette parole de Balaam : "Il n'y aura pas de labeur en Jacob, ni de douleur en Israël" (*Nb*. 2, 23). » St Jérôme

¹¹« Il a mis aussi dans le corps de l'homme le sens du temps, sans quoi celui-ci ne saisirait pas l'œuvre accomplie par Dieu du commencement à la fin. » T. *Rab*.

¹⁵« Serait-il possible que le Saint, béni soit-il ressuscite les morts pour nous ? Il l'a déjà fait par l'intermédiaire d'Élie, d'Élisée et d'Ézéchiel. […] Tout ce que le Saint, béni soit-il, fera ou

11- Tout ce qu'Il fit convenait à l'heure dite. Il mit le monde dans le cœur de l'homme sans que ce dernier puisse appréhender ce qu'Il fit du commencement à la fin.

12- Je réalisai qu'il n'y a rien à attendre de l'homme si ce n'est son désir de jouissance et de bien-être.

13- Boire, manger et tirer bonheur des ses activités, autant de dons que fit Dieu à l'homme !

14- Je sais bien que tout ce que fit Dieu, qui imposa à l'homme la crainte, est éternel, que rien ne peut y être ajouté pas plus que retranché.

15- Ce qui sera est déjà là, ce qui doit être relève du passé et Dieu recherche la continuité.

16- Je vis encore sous le soleil siéger le tribunal, et là, la faute ; un lieu de justice, et là le coupable.

17- Je me dis que le juste et le coupable seront jugés par Dieu, car il est un temps pour chaque attente et pour chaque chose.

¹¹« Dieu a donné une impression d'éternité à l'homme et il agit comme s'il allait vivre à jamais. » Ibn Ezra

¹⁴« Dieu a fait toutes choses et il faut que les hommes craignent de modifier ce que Dieu a une fois pour toutes disposé. Il a en effet tout parfaitement réglé en disant : "Qu'ils soient pris de crainte devant sa face". Car "le visage du Seigneur est sur ceux qui font le mal" (*Ps*. 33, 17). » St. Jérôme

renouvellera dans son monde aux temps messianiques, il l'a déjà fait en partie par l'intermédiaire d'un prophète en ce monde. […] Il est dit : "Je suis celui qui ressuscitera les morts comme je l'ai déjà fait par Élie, Élisée et Ézéchiel. Je suis celui qui fera que les rois s'inclineront devant toi, ainsi que je l'ai fait déjà par Daniel, devant qui s'est prosterné Nabuchodonosor. Je suis celui qui fera voir les aveugles aux temps messianiques". » M. R.

18-21 « Or, si l'on voit une différence dans le fait que l'esprit de l'homme monterait au ciel et que l'esprit du bétail descendrait dans la terre, par quel témoignage pouvons-nous en être certains ? Qui peut savoir si ce qu'il espère est vrai ou faux ? Il dit cela parce qu'il croit que son âme périt avec son corps ou qu'un seul et même lieu est préparé pour les bêtes et l'homme, mais parce qu'avant la venue du Christ toutes choses étaient indifféremment conduites aux enfers. C'est à cause de cela que Jacob dit

18- Et je me dis à propos des hommes, que Dieu les met à l'épreuve afin de leur révéler leur nature, de véritables bêtes les uns pour les autres !

19- L'homme et la bête ont un sort commun, l'un meurt, l'autre aussi. Un même souffle les anime, l'homme n'est en rien supérieur à l'animal. Tout est souffle vain.

20- Tout s'achemine vers un seul et même lieu, tout est poussière, tout y retourne.

21- Qui sait si le souffle de l'homme s'élève vers le ciel tandis que celui des animaux descend vers la terre ?

qu'il descendra aux enfers (*Gn.* 37, 35) et que Job se plaint que les hommes pieux sont retenus dans l'enfer (*Jb.* 7, 9) [...] Et en fait, avant que le Christ, avec le larron, n'ait écarté la roue de feu et l'épée enflammée, et rouvert les portes du Paradis, le ciel était fermé et une égale bassesse étreignait l'esprit du bétail et celui de l'homme. »
St. Jérôme

21 « L'esprit de l'homme monte là-haut et passe en jugement alors que le souffle de la bête descend vers la terre. Et, contrairement à l'homme, elle est dispensée de rendre compte de ses actes. »
Rachi

22- Et je vis que le bonheur de l'homme réside dans son labeur, c'est là son lot, car qui donc le mènera voir ce qui lui survit ?

IV

1- Je revins et considérai toute la tyrannie qui se pratique sous le soleil, les larmes des opprimés qui ne trouvent nul réconfort face à la brutalité de leurs oppresseurs, et

22 « Qui emmènera David voir l'œuvre de Salomon ? Qui emmènera Salomon voir ce qu'il adviendra de lui, après ce qu'a fait Jéroboam [roi schismatique d'Israël) ? »
M. R.

1 « Ils pleurent sur leur âme opprimée par des anges cruels et destructeurs. De même le psalmiste dit : "Ceux qui traversent la vallée des larmes en font une source" (*Ps.* 84, 7). [...] Ceux qui transgressent Tes lois et se retrouvent dans les profondeurs de la Géhenne [vallée de la mort], en train de pleurer et de gémir, font une source avec les larmes de leur yeux. » Rachi

²⁻³« C'est de la même manière que le Maître parle de Judas en pensant à ses futurs tourments : "Il aurait mieux valu ne pas naître pour cet homme" (*Mt.* 26, 24). Parce qu'il aurait mieux valu pour lui ne pas être du tout plutôt que de subir les supplices éternels […]. En revanche, ceux qui sont passés par la mort sont désormais en paix et ont cessé de pécher. Mais d'autres comprennent ce passage de la manière suivante : ceux qui sont morts sont meilleurs que ceux qui sont vivants, même s'ils ont été auparavant des pécheurs. […] Il est meilleur qu'eux deux (Jean le Baptiste et l'apôtre) celui qui n'est pas encore né et qui n'a pas vu le mal qui opprime l'homme dans le monde. En effet, nos âmes, avant qu'elles ne descendent dans ces corps de malheur, vivent auprès des habitants des régions d'en-haut et sont aussi longtemps heureuses qu'elles restent membres de la Jérusalem céleste et du chœur angélique. » St. Jérôme

personne ne vient pour les consoler.

2- Que soient loués les morts, plus que les vivants, ils ont quitté ce monde.

3- Et plus encore qu'aux morts et à ceux qui vivent, adressons nos vœux à ceux qui n'ont pas vu le jour et ignorent l'injustice qui se fait sous le soleil.

4- Je constatai que tout effort et tout savoir faire ne sont que le produit de la jalousie qui anime l'homme vis-à-vis de son prochain. Et tout ceci est souffle vain, poursuite du vent.

⁴« Ils n'ont pas même l'intelligence pour faire le mal. » Ibn Ezra

5- L'insensé se croise les bras et consomme sa chair.

6- Un instant de repos est à préférer à toute poursuite du vent.

7- Je revins et vis encore que tout est souffle vain sous le soleil.

8- Une personne isolée, n'ayant ni fils ni frère, ne trouve de répit dans son travail. Elle ne s'enrichit guère et ne sait à qui est destiné tout ce labeur la privant de bonheur. Cela aussi est vain et chose mauvaise.

²« Parce qu'ils avaient fait le veau d'or, […] Moïse se prosterna pour implorer le pardon […] "Et Yahvé renonça à faire le mal dont il avait menacé son peuple". En conséquence, trois anges de la destruction, à savoir *Ketsef* (courroux), *Mashit* (extermination) et *Hashmed* (annihilation) le laissèrent en paix tandis que deux restèrent, à savoir *Af* (colère) et *Hema* (fureur). Moïse dit à Dieu : "Seigneur de l'univers, puis-je me dresser contre ces deux-là en même temps ? Que n'en attaques-tu un et moi l'autre ?" » M. R.

[10-12] « "Mieux vaut être deux" : cela renvoie à Moïse et Aaron [...]. On observe que quand Moïse est venu bénir Israël, la Shékhinah [la présence divine] n'a pas reposé sur le peuple par son intermédiaire ; mais quand ils sont venus tous les deux pour bénir Israël, la Shékhinah a immédiatement reposé sur le peuple par leur intermédiaire, ainsi qu'il est écrit : "Ils entrèrent dans la tente du rendez-vous. Puis ils en sortirent tous deux pour bénir le peuple" (*Lév.* 9, 23). Ils ont béni Israël, alors la gloire du Seigneur est apparue au peuple, c'est-à-dire que la Shékhinah a reposé sur Israël par leur intermédiaire. » M. R.

9- À deux on engrange plus que seul !

10- Si l'un tombe, son compagnon le relève, mais malheur à celui qui est seul et n'a personne pour le secourir !

11- De même, si deux personnes couchent ensemble, elles trouvent de la chaleur ; mais comment l'homme seul pourra-t-il se réchauffer ?

12- Si l'un des deux est agressé, ils résistent ensemble. Un fil tressé ne se rompt pas de sitôt.

13- Un enfant pauvre et perspicace est à préférer à un vieux roi impuissant.

14- C'est de prison qu'il sortit pour accéder au trône mais, quoique roi, il naquit pauvre.

15- Je vis tous les vivants aller sous le soleil avec le second enfant appelé à lui succéder.

16- Peuple innombrable à l'image des générations passées, mais aussi de celles à venir qui n'auront guère à se réjouir de son avènement. Mais c'est encore là souffle vain et poursuite du vent.

[16] « Ils fructifiaient et se multipliaient plus qu'il ne fallait, comme il est écrit. [...]. Une femme devenait enceinte et accouchait trois jours plus tard. [...] Il n'y avait pas de fin à tout le bien-être qui était devant eux, mais tout a été perdu. Ils consument leurs jours dans le bonheur et, en un instant, ils descendent au Shéol. » Rachi

[13] « "Enfant" doit être compris dans le sens d'un homme à l'esprit ouvert, qui est accessible aux bons conseils, contrairement au fou, le vieux roi entêté qui a de l'expérience mais ne possède par l'intelligence suffisante pour mettre ses observations en relation avec les problèmes quotidiens .» Ibn Ezra

[13-14] « Origène et Victorinus ont été à peu près d'accord [...]. Ils ont interprété ce passage en y voyant une allusion au Christ et au diable et ont voulu voir le Christ dans l'enfant pauvre et sage. Pauvre certes parce qu'il s'est fait pauvre alors qu'il était riche, et sage parce qu'il progressait en âge, en sagesse et en grâce auprès de Dieu et des hommes [...]. Et c'est pourquoi il dit : "Si mon royaume était de ce monde, mes gardes auraient quoi qu'il en soit combattu pour moi afin que je ne sois pas livré aux Juifs (*Jn.* 18, 36). » St. Jérôme

[1-2] « […] Nous ne devons pas avoir d'opinion qui dépasse nos capacités lorsque nous parlons ou lorsque nous méditons au sujet de Dieu : il faut que nous ayons conscience de notre faiblesse, parce que, autant le ciel est éloigné de la terre, autant ce que nous pensons est éloigné de Sa nature […]. De même, en effet que celui qui a de nombreuses réflexions rêve souvent à ce à quoi il réfléchit, de même celui qui aura trop voulu parler de la divinité tombera dans la folie. […] Nous ne voyons que dans le trouble d'un miroir et nous appréhendons comme dans un songe ce que nous croyons tenir fermement. Et chaque fois que nous aurons trop suivi notre opinion personnelle et trop poussé la déduction, alors la folie sera le résultat de notre investigation, car de l'excès de paroles nous ne pouvons fuir le péché (*Prov.* 10, 19). »
St. Jérôme

17- Sois prudent dans ta démarche lorsque tu te rends à la maison de Dieu, approche et écoute plutôt que d'offrir un sacrifice, tel l'insensé ignorant qui fait le mal.

V

1- Que ton cœur pas plus que ta bouche ne s'empressent d'apostropher l'Éternel car Dieu est au ciel et toi sur terre.

2- Ce sont les préoccupations nombreuses qui engendrent le rêve, c'est au flot de paroles que l'on reconnaît l'insensé.

3- Si tu fais un vœu à Dieu, ne tarde pas à t'en acquitter, car Dieu ne tolère pas les insensés.

4- Plutôt s'abstenir de formuler des vœux que de ne pas les accomplir !

5- Ne laisse pas ta bouche entraîner ton corps dans le péché et ne dis pas à l'ange* que c'était là une erreur. Pourquoi Dieu s'irriterait-il à ton encontre et détruirait-il le produit de tes mains ?

[5] « Rabbi Yehuda ha-Nassi a dit : "Rien ne vaut le silence, ainsi que nous l'avons appris dans le *Traité des Pères*". Son fils Chimon disait toujours : "J'ai grandi parmi les Sages et je n'ai rien trouvé qui fût mieux pour une personne que le silence". » M. R.

* « L'ange » *Malakh*, l'envoyé de Dieu ou encore son émanation. La traduction du rabbinat, se basant sur *Malachie*, II, 7, suggère qu'il s'agit du prêtre. Les sadducéens se méfiaient des commentaires et exégèses et les anges ne faisaient pas partie de leur univers mental.

[4] « Rabbi Meyer a dit : "À choisir entre les deux, mieux vaut ne pas faire de vœu du tout ; il est préférable d'apporter son agneau au Temple, de le consacrer et de le faire abattre." […] Rabbi Samuel a dit : "Celui qui n'accomplit pas son vœu verra la perte de sa femme". […] Rabbi Samuel ben Isaac a dit : "Celui qui n'accomplit pas son vœu livre les autres au pouvoir de quatre transgressions, à savoir l'idolâtrie, l'immoralité, l'effusion de sang et la calomnie". » M. R.

6- La plupart des rêves sont vains de même que les discours. Crains Dieu.

7- Si le misérable est exploité, si le jugement est bafoué, ne t'étonne guère de cet état des choses. Au-dessus du chef veille un supérieur, lui-même sous la coupe d'un autre chef, et ainsi de suite.

8- Il est préférable pour une nation d'avoir à sa tête un roi qui administre bien ses terres.

9 - Celui qui aime l'argent ne sera jamais rassasié et celui qui aime l'abondance n'en tirera guère de profit, car cela aussi est souffle vain.

10- Le regain d'abondance accroît la convoitise, et qu'en tire le bénéficiaire si ce n'est la satisfaction de ses yeux ?

11- Le sommeil du travailleur est doux, la nourriture du riche trouble son sommeil.

12- Je vis une grande malédiction sous le soleil, un bien gardé par son propriétaire, pour son malheur !

---

[7] « Si tu remarques que l'on opprime le pauvre, que l'on soustrait la justice, tout en constatant que la clémence [divine] s'introduit pourtant dans la ville du fait que le Saint, béni soit-il, leur fait du bien et ne les punit pas, ne t'étonne pas des desseins de l'Omniprésent, car il fait généralement preuve de longanimité. Il attend jusqu'à ce que la mesure de leur iniquité soit comble. [...] Le Saint, béni soit-il, dispose d'émissaires plus haut placés que les oppresseurs pour les punir au moment de leur mort. » Rachi

[8] « Ceci pour enseigner que l'Écriture, la *Michnah*, la *Halakhah* [loi orale], les lois non incluses dans la *Michnah*, les interprétations et jusqu'aux commentaires qu'en fera par la suite le disciple éminent devant son maître furent transmis à Moïse au Sinaï sous forme de lois. » M. R.

[9] « Quiconque aimes les *mitsvoth* [les bonnes actions] n'en sera jamais rassasié. » Rachi

[9] « Celui qui aime les bonnes actions n'a jamais sa mesure de bonnes actions. Bien que Moïse sût qu'il ne vivrait pas assez longtemps pour désigner les trois villes de refuge, il ne laissa pas passer l'occasion et désigna les trois premières villes sur la rive orientale du Jourdain. » T. *Makot* 10a

[9] « Il me semble qu'il parle des philosophes ou des hérétiques. Ils accumulent les richesses des dogmes pour leur malheur, et qui, lorsqu'ils les ont trouvés, ne peuvent leur découvrir une quelconque utilité, ni parvenir à les léguer à leurs sectateurs comme du fruit durable. [...] Car il est vrai que, de même qu'ils sont issus de l'Église pervertie, celle qui est à l'opposé de celle dont il est écrit : "Quant à la Jérusalem d'en haut, elle est libre" (*Gal.* 4, 26) [...] ils se trouvent emportés par n'importe quel vent. [...] Ils n'ont pas Dieu avec eux. » St. Jérôme

¹⁵« Comme un homme vient au monde, ainsi s'en va-t-il. Il vient au monde dans un cri et le quitte dans un cri. Il vient au monde dans les pleurs et le quitte dans les pleurs. il vient au monde dans l'amour et le quitte dans l'amour. Il vient au monde dans un soupir et le quitte dans un soupir. Il vient au monde dépourvu de savoir et le quitte dépourvu de savoir. On a enseigné au nom de Rabbi Meyer : "Lorsqu'une personne vient au monde, ses poings sont fermés comme pour dire le monde entier m'appartient, j'en hériterai, mais lorsque cette personne quitte le monde, ses mains sont grandes ouvertes comme pour dire je n'ai rien hérité du monde". »
M. R.

13- Ce bien fut perdu dans des circonstances douloureuses et il eut un fils auquel il ne resta rien.

14- Comme il est sorti nu du ventre de sa mère, il s'en ira et n'emportera rien de ce qui tient dans la main.

15- Cela même est une malédiction. Comme il est venu il s'en ira ; quel avantage d'avoir travaillé en vain.

¹⁵« N'est-ce pas un terrible mal que de se torturer à penser à ses richesses et de chercher en un vain labeur, dans la tristesse, dans les gémissements, dans l'indignation, dans la chicane, des richesses périssables qu'en mourant nous ne pouvons apporter avec nous ? »
St. Jérôme

16- Tous les jours de sa vie passés à manger dans les ténèbres, à accumuler tristesse, colère et maladie.

¹⁷« De s'adonner à la Torah, qui est une "leçon de bien". Que l'homme n'amasse pas de grandes richesses, mais qu'il se réjouisse de la part qui lui est donné, puisque tel est son lot. » Rachi

17- Aussi je vois qu'il est bien agréable de manger et de boire, de jouir de son travail sous le soleil. Les jours qui lui furent donnés à vivre, ce fut la part que Dieu concède.

18- Ainsi, tout être à qui Dieu offre le bonheur, des biens et lui donne le pouvoir de les apprécier, d'avoir sa part, de se réjouir de son œuvre, tout cela est un don de Dieu.

¹⁷⁻¹⁹« [...] Il est mieux de comprendre avec l'Apôtre qu'il s'agit de nourriture spirituelle et de boisson spirituelle donnée par Dieu et de voir le bien dans son travail parce qu'avec grand labeur et application nous pouvons contempler les vrais biens [...]. Cependant, ce qui est un bien n'est pas complètement un bien tant que le Christ n'est pas révélé par notre vie. Voilà pourquoi Dieu ne s'attachera guère au souvenir des jours de notre vie. Il faut également remarquer que "joie" est pris ici en meilleure part, dans un sens d' "accaparement par une joie vraie et spirituelle". » St. Jérôme

19- Il ne se souviendra que peu des jours de sa vie, car Dieu vient répondre à la joie de son cœur.

VI

1- J'ai vu le mal sous le soleil, il est fort répandu chez l'homme.

2- Il est un homme à qui Dieu offre l'abondance, des biens et l'honneur, à qui rien ne manque, mais Dieu ne le laisse guère jouir de ses biens et les remettra à un étranger. Cela est souffle vain et malédiction.

3- Si un homme a cent fils, qu'il vive de nombreuses années, que ses jours se multiplient et que son être n'est pas rassasié de tout ce bien, qu'il n'ait pas de sépulture, alors je dis qu'un avorton est plus favorisé.

4- Car ce dernier est issu du néant et s'en va vers les ténèbres qui couvriront son nom.

5- Il ne vit rien sous le soleil et ne trouva de réconfort. Pas plus ceci que cela !

6- Et s'il avait vécu deux fois mille ans sans pour autant goûter au bonheur, tout ne va-t-il pas vers un même et seul lieu !

---

[2] « Cela peut être aussi dit d'Israël parce que Dieu lui a donné la Loi, et les Prophètes, et le Testament et la promesse de rédemption. [...] Que tout cela passe à un autre peuple, un peuple étranger et tiré des nations païennes ! [...]. Notre condition est bien meilleure, à nous, qui étions considérés comme des avortons et des nouveaux-nés par ceux qui s'applaudissaient de leur ancienneté et qui, tout en tirant gloire de leurs pères, disaient : "Notre père est Abraham". Et pourtant c'est vers un seul et même endroit que, comme eux, nous nous hâtons ; ce lieu c'est celui du jugement de Dieu. »
St. Jérome

[3] « [...] S'il avait procréé cent enfants, et que, mieux qu'Adam, il ne vivait pas près de mille ans, mais deux mille ans, son âme dépérirait de cupidité et d'avarice. Son état serait bien pire que celui d'un avorton qui, à peine se serait montré au jour, meurt. [...] Et pourtant, l'un et l'autre sont emportés par une même fin. [...] Cela peut aussi être dit d'Israël. »
St. Jérôme

[3] « "Cent" ainsi que "dix", "mille" ou quelquefois "sept" sont des nombres arbitraires utilisés dans les Écritures. »
Ibn Ezra

« À savoir l'avorton d'une prostituée. » M. R.

[4] « Un enfant qui est mort avant d'avoir été nommé reçoit un nom afin [...] de se relever lors de la résurrection des morts [...]. Donc ce verset ne veut pas dire qu'il n'a pas de nom mais que celui-ci n'est pas utilisé. » B. C.

[2] « Rabbi Samuel a dit : "Quels que soient les efforts de l'homme pour accumuler les préceptes et les bonnes action en ce monde, ils ne suffisent pas à payer Dieu en retour du bienfait qu'Il lui a accordé en faisant sortir le souffle de sa bouche. [...] Comment l'âme s'en va-t-elle ? Rabbi Yohanan a dit : "Comme les eaux tourbillonnantes d'un canal" ; Rabbi Samuel ben Rabba a dit : "Comme une épine se frayant un chemin hors de la gorge". » M. R.

[12] « Rabbi Huna a dit au nom de rabbi Aha : "David a utilisé une formule sans l'expliquer et c'est son fils Salomon qui l'a explicitée" ; et Salomon a utilisé une formule sans l'expliquer et c'est son père David qui l'a explicitée. Salomon a dit "ce qui convient à l'homme" ; comment le comprendre ? Si la vie est comme l'ombre projetée d'un mur, il y a de la matière en elle ; si elle est comme l'ombre projetée d'un dattier, il y a de la matière en elle. […] David a dit : "l'homme est semblable à un souffle". À quel souffle ? S'il s'agit de la vapeur d'un four, il y a de la matière en elle ! S'il s'agit de la vapeur d'un poêle, il y a de la matière en elle ! Le roi Salomon vient l'expliquer : "Souffle vain". » M. R.

[7] « "Se nourrir", afin que sa bouche jouisse et mange dans ce monde-ci et dans celui à venir. » Rachi

[10] « Il est bien évidemment question de la venue du Sauveur, qui est destiné à exister avant que d'avoir été vu dans un corps. Son nom a déjà été prononcé dans les Écritures, et les prophètes et les saints de Dieu savent qu'il est un homme et que, selon sa condition d'homme, il ne peut se comparer au Père. Et dans l'Évangile il a dit : "Le Père qui m'a envoyé est plus grand que moi" (*Jn*. 14, 28). C'est pour cette raison que dans les passages suivants, il nous est commandé de ne pas chercher au-delà de ce qui nous a été écrit de lui : l'homme ne doit pas vouloir savoir plus que ce dont l'Écriture témoigne. » St. Jérôme

7- Tout ce labeur de l'homme afin de se nourrir, mais il n'est jamais rassasié.

8- Que possède le sage de plus que le fou ? Et qu'en est-il de l'indigent qui fait preuve de dignité ?

9- Ce qui est visible, concret, est à préférer à l'imaginaire. Et ceci est également vanité et poursuite du vent.

10- Ce qui était déjà, on lui a donné un nom, on sait qu'il s'agit de l'homme. Il ne peut se mesurer à plus puissant que lui !

11- Il est bien des choses qui viennent s'ajouter à ce qui est vain, et qu'apportent-elles de plus à l'homme ?

12- Car qui sait ce qui convient à l'homme au cours de sa vie inutile qu'il vécut comme une ombre. Qui donc l'informera de ce qui, après lui, sera sous le soleil ?

VII

1- Une bonne renommée est à préférer à une huile parfumée et

[10] « Quand eut lieu l'épisode du veau d'or [à propos du peuple], Moïse s'adressa à Yahvé : "Seigneur de l'univers, quand ils sont bons, ils sont tiens, mais s'ils sont mauvais les voilà miens. Bon ou mauvais ils sont tiens ! » M. R.

[10] « Il était célèbre et renommé, mais cela est du passé et l'on sait maintenant qu'il est un homme et non un dieu, qu'il finira donc par mourir, sans pouvoir se mesurer à l'ange de la mort qui est plus fort que lui. » Rachi

[1] « Dès la naissance, on est voué à la mort. À la mort, on est voué à la vie dans l'au-delà. [...] Comparons cela à deux navires, l'un quittant le port et l'autre y entrant. Voyant le premier partir, tous se réjouissent, mais personne n'exprima sa joie à la vue de celui qui rentrait au port. Un homme perspicace qui était présent s'adressa à la foule : "Mon idée est à l'opposé de la vôtre. Il n'y a aucune raison de se réjouir du départ du premier navire, car personne ne sait ce qui l'attend, quelles mers et quelles tempêtes il peut rencontrer ; mais voir un navire rentrer au port est une cause de réjouissance, car il revient sain et sauf. De même, quand une personne meurt, tous devraient se réjouir de la voir quitter le monde avec une bonne renommée et en paix. » M. R.

le jour de la mort préférable à celui de la naissance.

[5] « Symmaque dit : "Car c'est par la voix des incultes que l'on se trouve ligoté". Cela signifie que la voix de semblables maîtres tisse autour de leurs auditeurs des liens qui les enserrent sans cesse davantage dans leur propre péché. » St. Jérôme

2- Mieux vaut se rendre à la maison de deuil qu'à la maison du vin, car c'est ainsi que doit s'achever tout parcours humain.

3- Plutôt la tristesse que le rire, car triste mine rend le cœur meilleur.

4- Le cœur des sages à la maison de deuil, le cœur des fous à la maison de joie.

5- Plutôt entendre les reproches d'un sage que le chant des fous.

[6] « Rabbi Lévi ben rabbi Zerah dit : "Tous les autres bois, quand on les enflamme, font un bruit qui ne se propage pas loin ; mais quand on enflamme des ronces, le bruit se propage loin, comme pour dire : nous sommes aussi du bois". » M. R.

6- Comme le crépitement des ronces sous la marmite est le rire du fou. Et tout cela est souffle vain.

7- L'oppression trouble le sage, les présents corrompent le cœur.

8- Mieux vaut la fin d'une entreprise que ses débuts, mieux vaut la modération que l'arrogance.

9- Ne t'emporte pas si vite, le courroux est le propre des fous.

10- Ne te dis pas, mais pourquoi les jours d'antan furent-ils meilleurs que les présents, ce n'est pas une question pertinente.

[1] « Considère, dit-il, ô homme, la brièveté de tes jours et le fait que tu cesseras bientôt d'exister parce que ton corps se sera défait. Fais-toi une renommée plus durable afin que, de même que de son odeur durable un parfum ravit les narines, de même la postérité tout entière se ravit de ton nom. [...] Les Hébreux ont l'habitude d'appeler huile un bon parfum. Ce qu'il [L'Ecclésiaste] montre est qu'il est préférable de quitter le siècle et de se trouver libéré des tribulations et des incertitudes de la vie plutôt que d'être celui qui entre dans le monde pour en subir tout cela. [...] Au début, lorsque nous naissons, il est en effet impossible de savoir ce que nous serons, ou que la naissance enchaîne l'âme au corps, et que la mort l'en libère. » St. Jérôme

[16] « Ne sois pas plus juste que ton Créateur, comme ce fut le cas pour Saül. […] Nos Sages disent : "Saül se mit à chicaner sur le précepte concernant la génisse dont on doit briser la nuque [pour réparer un péché]". L'Écriture dit : "Dans la vallée, ils briseront la nuque de la génisse" (*Deut.* 21,4). Saül affirma : "Un homme commet un meurtre, on brise la nuque d'une génisse. C'est l'homme qui a péché, et non pas l'animal !" » M. R.

11- La sagesse accompagnée d'un héritage est un bienfait, mais plus encore pour ceux qui voient le soleil.

12- Autant l'aile protectrice* de la sagesse que celle de l'argent, mais le savoir préserve celui qui le détient.

13- Vois les œuvres de Dieu, car qui peut redresser ce qu'Il a courbé.

14- Au jour du bonheur, réjouis-toi, au jour du malheur, considère : Dieu a fait l'un et l'autre afin que l'homme ne trouve rien après lui.

15- J'ai tout vu dans mes jours inutiles, le sage s'égarer dans sa justice, le méchant perdurer dans sa méchanceté.

16- Ne sois pas juste à l'excès, pourquoi te torturer ?

17- Ne sois pas trop méchant et insensé, pourquoi mourir avant l'échéance ?

18- S'il convient de saisir ceci ou cela, ne retire pas ta main, car qui craint Dieu trouve toujours une issue.

*Au mot à mot : « l'ombre protectrice ».

[13] « Comme le *Midrach* l'explique : "Quand le Saint, béni soit-il, créa le premier homme, il le prit et le conduisit autour des arbres du jardin d'Eden et lui dit : voici mon œuvre, regarde comme elle est belle et digne de louanges ! Tout ce que j'ai créé, je l'ai créé pour toi. Fais attention de ne pas corrompre et détruire mon univers, car si tu le corromps, personne ne pourra le réparer. » B. C.

[14-15] « […] Les biens et les maux, comme ils te viennent, supporte-les ; et ne va pas penser que le monde n'est que bon ou n'est que mauvais, puisque le monde lui-même ne subsiste que par l'opposition des contraires, du chaud et du froid, du sec et de l'humide, du dur et du mou, de l'obscur et du lumineux. […] L'homme conserve son libre arbitre, afin qu'il ne puisse se dire créé par Dieu insensible et abruti, mais qu'il a fait la diversité pour que l'homme ne puisse se plaindre de sa condition. » St. Jérôme

[14] « "L'un et l'autre" veut dire la Géhenne et le Paradis. Quelle est la distance qui les sépare ? La largeur d'une main. Rabbi Yohanan a dit : "un mur les sépare". Pour nos Sages, ils sont parallèles, de sorte que chacun puisse être vu de l'autre. » M. R.

[19] « Les dix qui détiennent le pouvoir […] sont les anges, qui sont venus au nombre parfait de dix et apportent leur aide au genre humain. Mais […] l'aide la plus grande est celle de la sagesse, c'est-à-dire de notre Seigneur Jésus-Christ. St. Jérôme

[26]« La femme est un piège parce qu'elle attrape ses victimes à la fois sur la mer et sur la terre ferme. Rabbi Éléazar a dit : "Elle s'emparerait d'un homme dans la rue et lui dirait : viens, sois intime avec moi". On peut la comparer à une chienne agressive que son propriétaire tient au moyen d'une chaîne et qui, malgré cela, saisit un homme par son vêtement dans la rue. Vois ce qu'il est écrit : "La femme le saisit par son vêtement en disant : couche avec moi" (*Gn*. 36, 121). Qui plaît à Dieu ainsi que Joseph lui échappe. » M. R.

19- La sagesse donne plus de force au juste qu'aux dix chefs qui régissent la ville.

20- Il n'est pas de juste sur terre qui fasse le bien et n'ait jamais péché !

[20]« Aucun homme n'est assez juste sur terre pour n'avoir jamais péché. » Saadia Gaon

[27]« Rabbi Isaac a dit : Lorsqu'un homme tombe dans le péché et risque, comme châtiment, d'être mis à mort par les cieux, comment l'expiation peut-elle avoir lieu ? Son bœuf meurt, ou il perd sa volaille ou il se blesse au petit doigt d'où coule une goutte de sang, et une partie de la vie est comme la vie tout entière, car il est dit : "les choses que j'ai trouvées afin de découvrir". Un péché vient après l'autre et la réflexion sur la transgression a lieu. » M. R.

21- Aussi, évite de te prêter aux médisances de crainte d'entendre ton serviteur te maudire.

22- Et toi, tu sais combien ton cœur à maudit autrui.

23- Tout ceci considéré du point de vue de la sagesse ; aussi, ai-je dis : je serai sage. Je n'y parvins guère.

[24]« L'homme n'a pas le droit de s'enfoncer dans ces questions touchant ce qu'il y a au-dessus et en-dessous, avant et après. » Rachi

24- Ce qui est lointain et profond, tu ne saurais y parvenir.

25- Je me mis en quête et prospectai afin d'accéder à la sagesse, de comprendre la raison des choses de la vie, de déterminer aussi à quel point la folie est démence et folle la déraison.

26- Et, plus amer que la mort, je découvris la femme dont le cœur est un piège, une trappe, et les bras des entraves. Celui qui sait plaire à Dieu lui échappe, du pécheur, elle se saisit.

[26]« Lorsqu'elle [l'hérésie] se saisit de l'homme, celui-ci se trouve attaché comme par des chaînes. » Rachi

[26]« Et il dit avoir découvert que le plus grand de tous les maux, c'est la femme, parce que par elle la mort s'est introduite sur terre et s'est emparée des précieuses âmes des hommes. Elles sont toutes en effet des corruptrices, leurs cœurs sont comme un four brûlant qui fait s'évaporer le cœur des jeunes gens. Et lorsqu'elle s'est glissée dans l'esprit d'un malheureux amoureux, elle le fait choir la tête la première, et ne le laisse pas regarder où il met les pieds, et elle entortille le cœur des jeunes gens comme avec un lacet ou un filet. » St. Jérôme

[28] « Habituellement, parmi mille enfants qui étudient la Torah, cent seront en mesure d'accéder à l'étude de la *Michnah*. Et parmi cette centaine d'étudiants en *Michnah*, seuls dix réussiront à apprendre la *Guémara* [*Michnah* et *Gémara* forment le Talmud]. Et de ces dix, un seul sera digne d'enseigner ; cela fait "un parmi mille". Outre les éléments dont il est question plus haut, que j'ai recherchés mais que je n'ai point trouvés, mon âme, c'est-à-dire mon être, s'est mise en quête d'une femme digne. Je n'en ai pas trouvé, car elles ont toutes l'esprit frivole. » Rachi

27- Vois, j'ai les choses que j'ai trouvées, dit Qohélet, en les additionnant une à une afin de découvrir leur nombre.

28- Ce que je cherchais encore, je ne l'ai point trouvé. Un homme parmi mille, j'ai trouvé, mais pas une femme !

29- Par contre j'ai découvert une chose : Dieu a créé l'homme droit, mais ce dernier a cherché à tout remettre en question.

[28] « Dans cette ruine du genre humain, c'est la femme qui est la plus prompte à tomber. Même le poète païen [Virgile] dit d'elle : "être changeant et toujours variable, la femme". » St. Jérôme

[29] « Adam était tout droit, et il est écrit : "Voilà que l'homme était comme l'un de nous" (*Gn.* 3, 22), comme l'un des anges. Cependant, une fois qu'il devint deux, alors "ils cherchèrent des réponses à leurs arguties". » M. R.

VIII

1- Qui comme le sage connaît le sens profond des choses ? La sagesse éclaire le visage de l'homme, le modifie et en modère la rigueur.

2- En raison du serment fait à Dieu, respecte les ordres du roi.

3- Ne le fuis pas, ne persiste pas dans l'erreur car Il agit comme Il l'entend.

4- Sa parole est souveraine, et qui peut lui demander de rendre compte ?

[2] « C'est pourquoi je me dois et me dispose à observer les ordres émis par la bouche du Roi de l'univers qui est la meilleure de toutes. » Rachi

[3] « Partout où s'étend la domination du roi, il règne et personne n'ose s'opposer à lui. Si c'est vrai pour un roi humain, à plus forte raison pour le véritable Roi dont la gloire est omniprésente ! » Ibn Ezra

[2] « Ce roi est le fils de Dieu, il est le fils du Dieu-Roi. [...] Salomon affirme que nous ne devons pas chercher la raison de chaque commandement [...]. Quant à ce qui suit "ne persiste pas dans l'erreur" nous le comprenons comme une allusion à celui qui, bien qu'ayant la foi de l'Église, est cependant lié par le péché, si bien qu'il est infidèle. Ne persévère pas dans la calomnie, ni dans la médisance, le luxe, la cupidité, la débauche. Si tu persévères, le roi du vice et du péché, le diable, œuvrera à ta perte et fera tout ce qu'il voudra. » St. Jérôme

[8] « Nos Sages disent : "Aucun homme n'est maître du vent de l'ange de la mort, nul ne peut l'obliger à le retenir". D'où savons-nous que les anges sont appelés vents ? De ce qu'il est dit : "Tu prends les vents pour messager" (*Ps.* 104,4). Un homme ne peut dire à la mort : "Attends-moi que je règle mes comptes et ensuite je viendrai." Un homme ne peut dire, quand il est appelé à la guerre : "Voici mon fils, ou mon esclave, ou un membre de ma maisonnée à ma place." Nul ne peut contester Sa décision, et un homme ne peut pas dire : "Je fais appel de Son verdict". » M. R.

5- Celui qui observe ses commandements ignore la détresse. Le cœur du sage a connaissance du temps et du jugement.

6- À chaque chose son temps, sa sentence, car grande est la misère de l'homme.

7- Il ne sait ce qui doit advenir et qui l'en informera en temps voulu.

8- L'homme ne peut maîtriser le souffle[*] et le retenir. Il ne décide point du jour de sa mort. Point de pourparlers dans cet ultime combat. La méchanceté ne protège en rien celui qui fait le mal.

9- J'ai vu tout cela, je me suis investi dans tout ce qui se fait sous le soleil. Et il est un temps où l'homme, pour son malheur, domine son prochain.

10- Et je vis des méchants, ayant trouvé sépulture, et l'on vint d'un lieu saint, ayant oublié leurs méfaits, les honorer en ville[*]. [Et je vis des méchants ensevelis, venant d'un lieu saint, allant en ville, où ils avaient fait oublier leurs

[*] Le mot *ruah* traduit ici par souffle, peut être le souffle respiratoire ou le « souffle de vie » (*néfesh*).

[9] « Il est un temps mauvais pour celui qui exerce le pouvoir. [...] Rabbi Éléazar a dit : "On ne trouvera aucun homme qui se rende coupable vis-à-vis d'un autre si ce dernier n'est pas lui-même coupable." » M. R.

[8] « Dieu a donné à l'homme la sagesse du monde en lui cachant l'heure de sa mort afin qu'il continue à se retourner vers sa conscience morale et à œuvrer pour les générations futures. » Rachi

[*] Le verset 10 étant obscur, nous donnons entre crochets sa traduction au mot à mot.

[10-11] « Nous pouvons utiliser ce témoignage contre les évêques qui ont reçu le pouvoir dans l'Église et qui sont de grands objets de scandale [...]. Après leur mort, ceux-ci seront fréquemment loués dans l'Église et jugés bienheureux publiquement, soit par leurs successeurs, soit par le peuple pour des actions qu'ils n'auront pas accomplies. [...] Il est difficile d'accuser un évêque, car s'il a commis un péché, personne n'y croit, et s'il a été convaincu d'en avoir commis un, il n'est pas puni ! » St. Jérôme

[12] « [...] Le sens sera selon certains : "Le pécheur ne pèche pas seulement à partir de ce moment où il donne l'impression de pécher, mais auparavant il a péché" ; "De l'utérus de leur mère, les pécheurs ont été dévoyés de son ventre, ils ont erré" (*Ps.* 57, 4) ; et ils cherchent à expliquer ce qui suit : "Et ils ont dit des mensonges". Une explication simple ne semble pas permettre de conclure que tous jeunes pécheurs, à peine sortis de l'utérus, mentent ! » St. Jérôme

[agissements. Cela aussi est souffle vain.]

[12-13] « Bien que Dieu ne se hâte pas de punir le méchant et de faire une différence entre le juste et le méchant, je sais que, finalement, chacun reçoit ce qu'il mérite et que cela ira bien pour ceux qui Le craignent. » Rachi

11- Parce que la sentence contre le pécheur n'est pas appliquée immédiatement, le cœur des fils de l'homme tend à persévérer dans le mal.

12- Quoique le pécheur s'obstine et n'hésite guère à renouveler le mal au centuple, que ses jours se prolongent, le bonheur revient à ceux qui craignent Dieu, parce qu'ils le redoutent.

13- Le bonheur n'est pas pour le méchant, ses jours ne sauraient perdurer plus que l'ombre, parce qu'il ne redoute pas l'Éternel.

14- Il est une injustice flagrante sur la terre, des justes subissent le sort réservé aux méchants, alors que ces derniers sont traités comme des justes. Cela aussi est souffle vain.

15- Aussi je recommande la joie. Rien ne vaut mieux sous le soleil que de manger, boire et prendre du bon temps. L'homme est ainsi assisté dans son labeur, dans les

[13] « Les Septante traducteurs, en se fondant sur un sens quasiment différent, ont dit : "Et moi je reconnais qu'il y aura du bien pour ceux qui craignent Dieu, afin qu'on craigne devant sa face, et qu'il n'y aura pas de bien pour l'impie, et il ne prolongera pas ses jours dans l'ombre, celui qui ne craint pas devant la face de Dieu, car le visage de Dieu est sur ceux qui font le mal (*Ps.* 33 ,7). Et pour l'impie, il n'y aura rien de bon. En effet, il ne craint pas devant la face de Dieu, et il ne prolongera pas ses jours dans l'ombre, c'est-à-dire les jours de sa vie qui sont comme de l'ombre pour ceux qui vivent. » St. Jérôme

[15] « Rabbi Tanhuma a dit au nom de Rabbi Nahman : "Toutes les mentions qui sont faites dans ce livre à la nourriture et à la boisson renvoient à la Torah et aux bonnes actions." [...] "Dans les jours de sa vie" fait référence au tombeau. Est-ce à dire qu'il y aurait nourriture et boisson au tombeau pour accompagner l'homme ? Alors, il doit s'agir de la Torah et des bonnes actions. » M. R.

²« Chimon ben Abba inaugura ainsi son enseignement : "Tous partagent le même sort, cela fait référence à Noé, car il est dit : un homme juste, intègre parmi ses contemporains" (*Gn.* 6, 9). On raconte que quand il sortit de l'Arche, un lion l'attaqua et le blessa, et qu'il en devint boiteux. Le "méchant" cela fait référence au pharaon Nékho. On raconte que quand ce pharaon entreprit de s'asseoir sur le trône de Salomon, dont il entra en possession par la *kétoubah* [contrat de mariage] de sa fille, il n'en comprit pas le mécanisme et fut attaqué par un lion qui le blessa et le laissa boiteux. Tous deux moururent boiteux, d'où "tous partagent le même sort". » M. R.

jours de sa vie qui lui furent accordés sous le soleil.

16- Lorsque je décidai de connaître la sagesse et de comprendre ce qui se fait sur terre, je vis que l'homme ne goûte pas plus le sommeil de jour que de nuit.

17- Je vis l'œuvre de Dieu et compris que l'homme ne peut découvrir ce qui se fait sous le soleil. Quel que soit son effort pour comprendre, il ne trouve pas. De plus, si un sage croit détenir la réponse, lui non plus ne sait pas.

¹⁷ « Tu nous a faits pour toi, Seigneur, et notre cœur est sans repos, tant qu'il ne repose qu'en toi. » St. Augustin

¹La B. J. qui attribue un titre à chaque chapitre, nomme le IXᵉ « Shéol pour tous. »

IX*

1- Considérant ceci, je compris que tout ce que font les sages et les érudits est entre les mains de Dieu. L'homme ne comprend pas plus l'amour que la haine auxquels il est confronté.

2- Tous partagent le même sort, le juste et le méchant, le bon, le pur et l'impur, celui qui sacrifie et celui qui s'en abstient ; il en va de même pour le juste et le pécheur, celui qui jure et celui qui n'ose

²« Ils savent tous, justes ou méchants, qu'ils finissent par mourir et qu'un même sort est réservé à tous dans ce monde. Ils savent cela, et pourtant, ceux qui sont intelligents choisissent la voie de la vertu, sachant qu'il y aura une différence entre les justes et les méchants dans le monde à venir. Pour le juste – comme Noé ; pour le méchant – le pharaon Nékho, l'un comme l'autre ont boité ; pour le bon – c'est Moïse ; pour le pur – c'est Aaron et pour l'impur – ce sont les explorateurs (*Nomb.* 13, 1). […] qui dénigrèrent le pays d'Israël et ne sont pas entrés en Terre sainte : le même sort pour eux tous. » Rachi

blasphémer, tous sont confrontés au même sort !

3- Et c'est là que réside le mal sous le soleil, et quoiqu'il y ait une même destinée pour tous, le cœur de l'homme est mauvais et c'est malheur en toute chose. La folie régit le cœur des vivants jusqu'après la mort.

4- Celui qui participe pleinement à la vie, conserve l'espoir. Un chien en vie vaut mieux qu'un lion mort.

5- Les vivants savent qu'ils doivent mourir, les morts ne savent rien. Ils ne reçoivent aucune forme de rétribution, on les a oubliés.

6- Leur amour, leur haine, leur jalousie, tout s'est évanoui. Ils ne seront plus jamais concernés par ce qui se fait sous le soleil. Plus jamais !

7- Va, mange ton pain dans la joie, bois de bon cœur ton vin, car Dieu a maintenant apprécié tes actes.

8- Porte habits blancs à tout moment et que l'huile parfumée ne manque pas sur ta tête !

---

[4] « Il y a de l'espoir, même pour ceux qui ont étendu la main contre le Temple. Il est impossible qu'ils retrouvent la vie dans l'au-delà, puisqu'ils ont détruit le Temple et il est impossible qu'ils soient totalement détruits, puisqu'ils se sont repentis ; alors, les concernant il est écrit : "Qu'ils s'endorment d'un sommeil éternel" (*Jer.* 51, 39). Nos Sages disent : "Les enfants des impies parmi les païens et les soldats de Nabuchodonosor ne vivront pas dans l'au-delà ni ne seront punis dans la Géhenne ; les concernant il est dit : "Qu'ils s'endorment d'un sommeil éternel". » M. R.

[5] « "Les vivants savent qu'ils doivent mourir" fait allusion aux justes qui sont appelés "vivants", même après leur mort. "les mort ne savent rien" ce sont les pécheurs qui sont appelés "morts" même de leur vivant, conformément au verset : "Sur la parole de deux ou trois témoins, le mort sera mis à mort" (*Deut.* 17, 6) ; bien qu'il soit vivant, la Torah le qualifie déjà de "mort". » T. *Berakot*, 18 ab

[4] « L'interprétation [des Hébreux] ne nous plaisant pas, nous gagnerons les hauteurs […]. Le chien vivant, c'est nous, les nations, qui le sommes ; quant au lion mort, il s'agit du peuple juif abandonné par le Seigneur. Et devant Dieu, il vaut mieux être le chien vivant que le lion mort. Car nous, vivants, nous avons connu le Père, le Fils et l'Esprit saint ; eux, morts, n'en savent rien, ils n'attendent ni promesse, ni récompense, car leur mémoire est incomplète ; et ils ne se souviennent pas de ce qu'ils auraient dû savoir. » St. Jérôme

[4] « [un chien, un lion] Tous deux sont méchants. Cela a été mieux pour Nevouzaradn, qui bien qu'il fût un esclave impie s'est converti afin de ne pas mourir avant son maître désigné comme un lion […] lequel mourut dans toute sa perfidie et réside dans la Géhenne alors que son esclave se trouve au jardin d'Éden. » Rachi

[10] « Fais maintenant tout ce que tu veux, et mets-y ta peine, parce que lorsque tu seras descendu aux enfers [sic], il n'y aura plus de place pour la pénitence. […] Quand il dit : "dans l'enfer là où tu vas", note que l'on croit […] qu'auparavant la venue du Christ, tous, même les saints, tombaient sous le coup de la loi de l'enfer, mais que les saints, après la résurrection du Seigneur, ne sont plus retenus dans l'enfer. Voilà ce dont témoigne l'Apôtre, qui dit : "Mieux vaut périr et être avec le Christ (*Ph.* 1,28). Mais celui qui est avec le Christ ne peut pas, quoi qu'il en soit, se trouver retenu dans l'enfer. » St. Jérôme

9- Goûte la vie auprès de la femme aimée, tous les jours de ton existence vaine qu'Il t'a accordé sous le soleil, tous ces jours vains, car c'est la part qui te revient dans la vie pour ton labeur sous le soleil.

10- Tout ce que tu peux entreprendre de tes mains, fais-le avec vigueur, car au Shéol là où tu vas, tu ne trouveras ni œuvre, ni considération, ni connaissance, pas plus que la sagesse.

[10] « Abandonne-toi au plaisir tant que tu le peux ; dans la tombe, toute activité s'arrête et la mort est le sort commun à tous. » Ibn Ezra

11- Je revins pour constater que sous le soleil, ici-bas, la course n'est pas gagnée par les plus rapides, les valeureux ne triomphent pas à la lutte, le pain ne revient pas aux sages, la richesse aux sagaces, pas plus que les savants n'accèdent à la grâce. Personne n'échappe au temps pas plus qu'aux calamités.

12- L'homme ne connaît pas plus son heure que le poisson pris au filet fatal et les oiseaux pris au piège. Comme eux, à l'heure décisive, les hommes sont surpris par l'infortune quand elle se présente à l'improviste.

[12] « Nous avons déjà dit que tant que les hommes resteront ignorants, ils subiront les malheurs, la mort. Mais il faut savoir que selon l'allégorie, le royaume des cieux est semblable à un filet jeté dans la mer, et qu'à l'inverse, les hérétiques ont un filet avec lequel ils prennent des poissons pour les faire mourir. » St. Jérôme.

[10] « "Tout ce que tu peux entreprendre" : pour te procurer du mérite, une fois mort. Mais si tu as agi ainsi, tu n'auras aucun compte à rendre dans le Shéol dont tu devras t'inquiéter. L'ordre de ce verset est inversé. Dans le Shéol il n'y aura aucune activité, ni science ou sagesse pour les méchants, ni compte à rendre pour le juste pendant que les pécheurs rendront des comptes ; telle est l'interprétation. Celui qui commente ce verset sans considérer qu'il est inversé confère au terme "compte" le sens de "réflexion" : dans le Shéol, il ne sera plus possible de réfléchir à ce qu'il reste à faire pour échapper au jugement. » Rachi

[15] « Mais lorsque vient contre elle [la ville] ce grand roi qui est le diable [...]. Il a trouvé au-dedans d'elle un homme pauvre et sage, notre Seigneur Jésus-Christ qui, pour nous, s'est fait pauvre et qui est la sagesse elle-même ; et lui, homme pauvre, délivre la ville par sa sagesse. Combien de fois avons-nous vu que le lion, qui s'était mis en embuscade avec les riches, c'est-à-dire avec les sénateurs et les puissants de ce siècle, avait menacé l'Église, s'est effondré du fait de la sagesse de ce pauvre. » St. Jérôme

13- J'ai vu aussi sous le soleil ce trait de grande sagesse qui m'apparut.

14- Une petite ville à la population clairsemée, un roi puissant vint l'assiéger, l'investit et y bâtit des forteresses.

15- Un homme pauvre, empli de sagesse, la sauva, et son nom fut oublié.

16- Je dis que la sagesse est préférable à la force. Cependant la sagesse du pauvre ne trouve que mépris, il n'est guère écouté.

17- Les paroles des sages, calmement énoncées, valent mieux que les clameurs d'un despote parmi les sots.

18- La sagesse l'emporte sur les engins de guerre. Mais un seul pécheur détruit beaucoup de biens.

[15] « Avant que le sage ne sauve la ville, personne ne le tenait en grande estime à cause de sa pauvreté. »

[18] « Si la moitié des enfants d'Israël est vertueuse et l'autre moitié pécheresse, et qu'une personne de la première moitié commet un délit transformant ainsi la deuxième en majorité, elle rend tout le monde coupable. » Rachi

[18] « Un homme devrait toujours se considérer comme s'il était moitié juste, moitié coupable : s'il accomplit un commandement, heureux soit-il car il a fait pencher le plateau de la culpabilité, comme il est dit : "Mais un seul pécheur peut gâter beaucoup de bien" ; par l'ajout d'un seul péché, il perd beaucoup de bonnes choses.

X

1- Les mouches mortes altèrent l'huile du parfumeur et la rendent nauséabonde. Un brin de folie l'emporte sur la sagesse et l'honneur.

Rabbi Éléazar, fils de Rabbi Chimon a dit : "Comme le monde est jugé d'après la majorité, et que l'individu également est jugé d'après la majorité de ses actes, bons ou mauvais, s'il accomplit une bonne action, béni soit-il car il a fait pencher son propre plateau et celui du monde entier vers le bien ; s'il commet une seule transgression, malheur à lui, car il va être jugé coupable et entraîner dans sa culpabilité le monde entier. » T. *Kidouchin*, 40b

⁴« C'est le prince de ce monde, le chef des ténèbres et de ceux qui œuvrent parmi les fils de la rébellion, dont parle l'Apôtre, et dont il est maintenant question dans l'Écriture. S'il monte dans notre cœur et si notre âme reçoit la blessure de la pensée mauvaise, nous ne devons plus lui laisser la place, mais combattre l'abominable pensée et nous libérer de l'immense péché. […] L'Hébreu a soupçonné je ne sais quoi comme : si tu as reçu une dignité dans le monde et que tu as été investi d'un rang plus élevé parmi les peuples, tes œuvres anciennes n'abandonne pas. » St. Jérôme

*Littéralement : « Le cœur du sage est à sa droite, celui de l'insensé, à sa gauche. »

2- Le sage marche droit devant lui, l'insensé va à la dérive*.

3- Persévérant dans sa démarche, inconscient, l'insensé dit de chacun qu'il est un fou.

4- Si la colère du souverain s'emporte à ton encontre, ne bouge pas, le calme remédie à bien des maux.

5- Il est un mal que je vois sous le soleil, comme une erreur de la part du Seigneur.

6- Il glorifie la folie et humilie les riches.

7- Je vis des esclaves monter à cheval et des princes aller à pied comme des esclaves !

8- Celui qui creuse la fosse y tombe, celui qui ouvre une brèche est mordu par un serpent.

9- Celui qui remue les pierres sera blessé, celui qui fend du bois court un risque.

10- Si le fer s'émousse, que le tranchant n'ait pas été aiguisé, redouble d'efforts. Mais la sagesse, elle, est toujours couronnée de succès.

¹⁰« "Si le fer s'émousse", cela veut dire : Si ton étude a été dure comme le fer. […] L'un des disciples de Rabbi Chimon bar Yohaï oublia son enseignement et vint pleurer au cimetière […]. Son maître lui apparut en songe et lui dit : "Si tu me jettes trois cailloux, je reviendrai". Le disciple alla voir un interprète des rêves qui lui traduisit : "Répète ta leçon trois fois et je viendrai à toi". Il s'exécuta et c'est ce qui lui arriva. » M. R.

⁷« Rabbi Aqiba se rendit à Rome où il rencontra un eunuque de la cour qui lui demanda : "Tu es le rabbi des Juifs ?" il répondit : "Oui" et l'autre lui dit : "Écoute trois choses : celui qui monte à cheval est un roi, celui qui monte un âne est fils d'homme libre, celui qui porte des sandales aux pieds est un être humain ; mais celui qui n'a rien de ces choses ne vaut pas plus qu'un homme au fond de son tombeau". Rabbi Aqiba répondit : "Tu as mentionné trois choses, écoute trois choses en réponse : l'honneur du visage c'est la barbe, la joie du cœur c'est la femme, l'héritage de Dieu ce sont les enfants. Malheur à l'homme à qui manquent ces trois choses". Bien plus, il cita contre lui le verset "je vis des esclaves monter à cheval". Lorsque l'eunuque entendit cela, il se fracassa la tête contre le mur et se tua. » M. R.

¹³⁻¹⁴« Il traite encore du fou dont les lèvres font tombent le sage la tête la première […]. Le début et la fin de son discours sont folie et abominable erreur. […] Et il ne tient pas à ce qu'il dit, mais pense pouvoir, en multipliant les paroles, échapper au péché. En effet, comme il ne se souvient pas du passé ni de ce qui sera, il est ballotté dans l'ignorance et les ténèbres tout en se promettant une fausse science ; il se croit alors savant, il se croit alors sage s'il multiplie les paroles. Cela peut aussi s'appliquer aux hérétiques qui ne saisissent pas les paroles des hommes avisés, mais qui se préparent à des controverses et mêlent, dans la vanité, le tumulte et l'erreur. »
St. Jérôme

11- Si faute d'avoir été charmé, le serpent mord, le charmeur* en est pour ses frais.

*Au mot à mot « le maître de la parole », c'est-à-dire de la parole « agissante ».

12- Les paroles d'un sage trouvent grâce, les lèvres de l'insensé causent sa perte.

13- Si au départ ses propos ne sont que sottises, à leur terme, pernicieux, ils ne seront que pure folie !

14- Le fou est bavard, l'homme ne sait ce qui sera, et qui peut lui dire ce que sera l'avenir après lui ?

¹⁴« Cela est un exemple du bavardage du sot. Il pousse les gens en erreur et les incite ainsi à l'athéisme. »
Ibn Ezra

15- Les insensés peinent tant à la tâche, qu'ils ne savent diriger leurs pas vers la ville.

16- Qu'en est-il, d'un pays dont le roi est un enfant et dont les princes s'emploient dès l'aube à manger ?

¹⁷« Ils mangent pour reprendre des forces, tirant leur énergie de la nourriture ; avec retenue, uniquement pour satisfaire leur faim. Leur véritable force, c'est qu'ils contrôlent leurs passions. »
Ibn Ezra

17- Heureuse nation dont le roi est un noble et dont les princes se nourrissent en temps voulu afin de reprendre des forces, s'abstenant de toute beuverie.

¹⁵« Autrement dit, la paresse de ceux qui abandonnent la Torah leur causera de l'épuisement dans la Géhenne, car ils n'auront pas suivi la voie de la vérité pour s'écarter du péché. »
Rachi

18- Par négligence la charpente s'affaisse, par manque de soins, la maison prend l'eau.

¹⁹« Pour les festivités en lien avec l'idolâtrie, ils préparent des mets. Le vin c'est la Torah, car il est dit : "Les préceptes de Yahvé sont droits, joie pour le cœur" (*Ps.* 19, 9). […] Rabbi Yéhochoua de Sikhin a dit : "Parfois la prière obtient une réponse, et d'autres fois pas. C'est en utilisant ton argent pour faire la charité que tu obtiens une réponse, car il est dit : "mon honnêteté portera témoignage pour moi (*Gn.* 30, 33), mais lorsque tu l'utilises ainsi, l'argent t'accuse." » M. R.

[2(x)] « Il nous enseigne donc qu'envers l'un et l'autre instrument, c'est-à-dire aussi bien envers l'Ancien qu'envers le Nouveau Testament, il nous faut avoir une foi identique. Croyant au sabbat, les juifs donnèrent la septième partie, mais ne donnèrent pas la huitième, refusant le jour du Seigneur et la résurrection. À l'inverse, les hérétiques Marcion et Mani, de même que tous ceux qui, de leur gueule furieuse déchirèrent l'ancienne Loi, donnent la huitième partie, car ils acceptent l'Évangile, mais ne l'accordent pas à la septième, car ils rejettent l'ancienne loi […]. Nous ne pouvons nous faire une idée des justes tourments, des justes châtiments qui ont été prévus pour ceux qui vivent sur cette terre, juifs et hérétiques, qui refusent l'un des deux Testaments. » St. Jérôme

19- On organise des repas afin de se divertir, le vin réjouit les vivants, et l'argent répond à tout.

20- Ne maudis pas le roi, ne fut-ce qu'en pensée ; de ta couche ne maudis pas le riche, car l'oiseau du ciel témoignera de ta parole.

[20] « "L'oiseau du ciel". Rabbi Jérémiah ben Éléazar a dit : "Il s'agit du corbeau, qui, grâce à l'art de la divination, entend les paroles et les divulgue". » M. R.

XI

1- Lance ton pain sur les eaux, à la longue tu le retrouveras.

2- Donne ta part à sept et aussi à huit, car tu ne sais quelle calamité le sort te réserve.

3- Si les nuages s'emplissent de pluie, ils se déversent sur terre. Si un arbre s'abat vers le midi ou vers le septentrion, là où il tombe, il demeure !

[3] « Si les disciples des Sages sont pleins de la Torah, ils la déversent sur Israël qui est appelé "la terre" ; en effet, il est dit : "Car vous serez une terre de délices" (Is. 5, 6). » M. R.

4- Celui qui observe le vent, point ne sème, celui qui contemple les nuages ne moissonne pas.

5- Comme tu ignores la direction que prend le vent, et ne sais comment se forme la vie dans le ventre de la future mère, tu ne connais

[5] « "La direction du vent", "la vie dans le ventre de la future mère" ; autrement dit, les connaissances de ces deux choses se valent parce qu'elles sont inaccessibles. » Rachi

[5] « Il y a sept choses qui sont cachées à l'homme, à savoir le jour de sa mort, celui de la consolation de ses maux, la profondeur du jugement divin, l'essence du profit, ce que recèle le cœur de son prochain, ce que recèle la conception d'une femme et la date de la chute du royaume d'Édom. […] D'où savons-nous que cela vaut pour la date de la chute d'Édom [Rome] ? De ce qu'il est dit : "Car j'ai au cœur un jour de vengeance" (Is. 63, 4). » M. R.

⁷⁻⁸ « Si tu as toujours fait le bien [...] et que ta course a été égale tout au long de ton âge, tu verras Dieu le Père, lumière si douce ; tu verras le Christ, soleil de justice [...]. Autre sens, ailleurs dans l'Écriture Dieu fait une promesse et dit : "Je vous donnerai la pluie qui tombe au bon moment et celle qui tombe tardivement". Il s'agit bien sûr de l'Ancien et du Nouveau Testament, "et de cette double pluie je vous arroserai" (*Deut.* 11, 14). Cela nous encourage encore à lire l'Ancien Testament sans mépris pour le Nouveau, et à chercher le sens spirituel dans l'Ancien. »
St. Jérôme

⁸ "Tout ce qui lui vient est souffle vain" [*hével*]. *Hével* désigne parfois la punition et les malheurs comme dans "Car ce dernier [l'avorton] est issu du néant et s'en va vers les ténèbres qui couvriront son nom." » Rachi

⁹ « Les Hébreux pensent que ce commandement vaut pour Israël à qui il est recommandé de profiter de ses richesses [...]. Réjouis-toi donc Israël avant que ne viennent Nabuchodonosor ou Titus, le fils de Vespasien, accomplir des prédictions des prophètes [...]. Alors, Jérusalem sera humiliée.»
St. Jérôme

l'œuvre de Dieu, auteur de toute chose.

6- Le matin sème ton grain, le soir, ne baisse pas les bras car tu ne sais laquelle de ces semences germera, et si l'une ou l'autre sont également bonnes.

7- Que la lumière est douce et comme il est bon de voir le soleil !

8- Et si l'homme doit vivre de longues années, ayant à l'esprit les nombreuses années de ténèbres qui l'attendent, qu'il se réjouisse. Tout ce qui vient est souffle vain.

9- Réjouis-toi jeune homme dans ton jeune âge, livre ton être à la joie dans ces jeunes années, va selon ton désir et ce que voient tes yeux, mais sache que tu seras pour tout cela jugé par Dieu.

10- Aussi débarrasse ton cœur de toute colère, délivre ta chair de la douleur car l'enfance et la jeunesse ne sont que souffle* vain.

XII

1- Souviens-toi de ton Créateur aux jours de ta jeunesse avant que

⁸ « La fille de Rab Hisda lui demanda s'il voulait faire un petit somme. Il lui répondit : "Le temps viendra des longs jours de la tombe où l'étude de la Torah et son observance seront impossibles. Nous pourrons y dormir beaucoup. Pour le moment, nous devons déployer nos forces et nous plonger dans l'étude de la Torah et ses commandements". »
T. *Érouvim* 65a

Rouah, souffle vital, est ici traduit par souffle.

¹ « Réfléchis bien à trois choses et tu ne tombera pas dans les griffes du péché : saches d'où tu viens – d'une goutte putride ; où tu vas – vers un lieu de poussière, de vers et d'asticots ; et devant Qui tu es destiné à comparaître en jugement et rendre compte – devant le Roi suprême, le Saint béni soit-il. » T. *Sota* 2, 2

³« "Les gardiens de la maison" doivent être compris soit comme le soleil et la lune et tout le reste du chœur des astres, soit come les anges qui veillent sur ce monde. Quant aux "braves" [...] ils errent comme des démons qui au diable doivent leur vocable de "braves". C'est lui que le Seigneur domine selon la parabole évangélique et dont il ravage la maison. [...] D'aucuns ramènent tout à ce qui a été dit au corps de l'homme. » St. Jérôme

¹« Réfléchis bien à trois choses et tu ne tomberas pas dans les griffes du péché : sache d'où tu viens – d'une goutte putride ; où tu vas – vers un lieu de poussière, de vers et d'asticots ; et devant qui tu es destiné à comparaître en jugement.»
T. Avot 3, 1

ne viennent les jours mauvais et les années dont tu diras que tu ne les désire plus !

2- Avant que le soleil ne s'obscurcisse, que la lumière, la lune et les étoiles ne s'assombrissent, et que ne reviennent les nuages après la pluie.

³« Avec ce verset commence une description allégorique de la vieillesse : maison = les bras ; braves = les jambes ; oisives = les dents ; regard = les yeux ; portes = les lèvres ; moulin = faiblesse de la voix ; l'amandier en fleur = les cheveux blancs. » Rachi

3- Avant que ne tremblent les gardiens de la maison de Dieu, que ne fléchissent les genoux des braves, que les meunières, trop peu nombreuses, au regard assombri, ne cessent toute activité.

4- Et que ne se ferment les deux battants des portes du marché alors que décroît le bruit de la meule qui s'éveille au chant de l'oiseau, et que ne s'éteignent les mélodies*.

5- Tant les hauteurs seront à redouter que les cahots du chemin. Et l'amandier fleurira et la sauterelle repue y pèsera comme un fardeau et le fruit du câprier* demeurera sans effet car l'homme privé de tout désir charnel chemine inéluctablement vers sa maison d'éternité, accompagné du cortège des pleureurs.

⁴«Même le gazouillis d'un oiseau réveillera le vieillard. »
T. Chabbat 152a

*Au mot à mot : « Que ne se prosternent les filles du chant .»

*Le mot hébreu « aviona » désigne tant le bouton floral du câprier ou son fruit, que le désir charnel. C'est pourquoi la câpre était considérée comme aphrodisiaque.

⁵« Il n'est pas écrit ici vers la maison d'éternité, mais vers sa maison d'éternité. Rabbi Chimon ben Laqish a dit : "A quoi pouvons-nous comparer cela ? À un roi qui fit son entrée dans une province accompagné de généraux [...]. Bien qu'ils fussent entrés par la même porte, chacun alla prendre ses quartier au lieu correspondant à son rang. De même, bien que tous les êtres humains fassent l'expérince de la mort, chacun a une maison pour lui en fonction de sa conduite." Les pleureurs sont les asticots qui rampent sur le cadavre. » M. R.

¹¹« Comprenez : comme la balle des petites filles. Comme une balle qui passe de main en main et qui jamais ne tombe à terre. De toutes les promesses que Yahvé avait faites à la maison d'Israël, aucune ne manqua son effet. Comme une balle qui passe de main en main sans tomber, ainsi Moïse reçut la Torah au Sinaï et la transmit à Josué qui la transmit aux anciens, les anciens aux prophètes et les prophètes à la Grande assemblée. » M. R.

'Il faut relever, cas unique, que les versets 8-10 parlent de Qohélet à la troisième personne. Confirmant ainsi que le chapitre XII, dans son entier ou partiellement, n'est pas du même auteur, La B. J. précise en note que les versets 10-11 sont l'œuvre d'un disciple (nous dirions pour notre part d'un pharisien) tandis que les 12-14 proviennent d'un juif pieux pour qui la crainte de Dieu est le principe de la sagesse.

6- Avant que se détache le fil d'argent, que la coupe d'or roule au loin, que la cruche à la fontaine soit brisée, que soit précipitée la poulie dans la citerne.

7- Avant que la poussière retourne à la terre comme elle y était, et que le souffle revienne à Dieu qui l'a donné.

8- Tout est vain, dit Qohélet, tout est souffle vain.

9- Outre que Qohélet fut un sage, il enseigna le savoir au peuple, sonda, écouta, examina et composa maints proverbes.

10- Qohélet chercha les termes appropriés, rédigea avec droiture les paroles de vérité.

11- Comparables à des aiguillons sont les paroles des sages, elles sont les clous plantés, comme une assemblée de doctes présidée par un seul et même berger.

⁶ « "le fil", c'est la chaîne généalogique. » Rachi

⁷« Que l'esprit remonte à Dieu qui l'a donné. » B. R.
« Cela renvoie à l'Esprit saint. » M. R.
« Dieu dit à l'homme : "Je t'ai donné une âme pure, rends-la moi pure". » M. R.

¹¹« Tout comme l'aiguillon dirige la vache sur le chemin qui lui convient, ainsi les paroles des Sages guident-elles l'homme sur les voies de la vie. Les Sages ont érigé une barrière de protection pour la Torah. Tous leurs préceptes sont des paroles du Dieu vivant. » Rachi

¹²« [...] Ne fais rien, ne revendique rien pour toi, suis les traces des anciens, ne t'écarte en rien de l'autorité des Sages. Sinon tu te perds

12- Et plus que tout cela, sois prudent mon fils, trop d'écrits ne trouvent de fin et trop de méditations épuisent le corps.

13- Pour conclure, crains Dieu et observe scrupuleusement ses com-

en recherches, tu seras submergé par la multitude des livres qui te feront tomber dans l'erreur. [...] En face, il y a la divine Écriture, étroitement concentrée, comme en un cercle, qui, plus elle se multiplie en aphorismes, plus elle réduit le nombre de ses paroles. Car le Seigneur a fait sa parole parfaite et brève sur cette terre, et ce qu'il dit est aussi bien dans notre bouche que dans notre cœur. [...] Une méditation quotidienne est normalement un travail de l'âme plutôt que de la chair. » St. Jérôme

¹³⁻¹⁴« Les Hébreux disent que parmi les autres écrits de Salomon qui ont été mis de côté et que la mémoire n'a pas conservés, aurait dû se trouver ce livre qui mériterait à leurs yeux d'être effacé pour la raison qu'il y affirme que les créatures de Dieu sont vaines, et y pense que le tout vaut pour le rien, et qu'il préfère la nourriture et la boisson, et les plaisirs passagers à toutes choses ; ils disent cependant que, par ce seul chapitre, il a mérité l'autorité qu'on lui prête ; et qu'il se trouve au nombre des livres divins, car a concentré tout ce qu'il a exposé, et toute la liste qu'on pourrait en dresser, dans ce qui est comme un résumé, et qu'il a dit que la fin de ses paroles est très facile à entendre et qu'il ne s'y trouve rien qui soit ardu, puisqu'il nous faut craindre Dieu et faire ses commandements, c'est là le devoir de l'homme.

14- Dieu, en définitive jugera de tout œuvre, de tout ce qui est caché, que ce soit en bien ou en mal.

¹⁴« Rav Yanaï vit une fois un homme donner une pièce d'argent à un pauvre en public ; il lui dit : "Il aurait mieux valu que tu ne lui donnes rien, plutôt que de lui faire l'aumone publiquement et de le plonger ainsi dans la honte". »
T. *Haguiga* 5a

ses commandements. […]. Dieu amènera toute action, c'est-à-dire tous les hommes à être jugés sur l'ensemble de leurs sentiments qui ont différé de ce qu'il a été prévu et dit à propos de tel ou tel point : "Malheur à ceux qui disent que le mal est le bien et que le bien est le mal (*Is.* 5, 20). » St. Jérôme

BIBLIOGRAPHIE SOMMAIRE

Bible de Jérusalem, (trad. française sous la direction de l'École biblique de Jérusalem), Paris, Le Cerf, 1955.
Bible du centenaire, Paris, Société Biblique de Paris, 1916-1947.
Bible du Rabbinat (Kahn, Z, avec de nombreux collaborateurs), Paris, 1902 (première éditon suivie de nombreuses rééditions) Paris, Colbo.

Beauchamp, P., *Création et séparation. Étude exégétique du premier chapitre de la Genèse*, Paris, Aubier Montaigne 1962 ; rééd. Paris, Le Cerf, 2005.
Bonsirven, J. *Judaïsme palestinien*, 1950, Paris, Beauchesne.
Bottéro J., S. N. Kramer, *L'Érotisme sacré à Sumer et à Babylone*, Paris, Berg International, 2011.
Chabrol, C. et L. Marin, L. *Le Récit évangélique*, Paris, Desclée de Brouwer,1974.
Lys, D., *Néphesh. Histoire de l'âme dans la révélation*, Paris, PUF, 1959.
Desroches, H., *Dieux d'hommes. Dictionnaire des messianismes*, nouvelle édition, Paris, Berg International, 2010.
Greive, H. *Die Religionsphilosophie des Abraham ibn Ezra*, 1973.
Hayoun, M.-R., *L'Exégèse philosophique dans le judaïsme médiéval*, Tübinguen, JCB Mohr,1992 ; *Moïse Mendelssohn*, Paris, PUF « Que sais-je ? », 1997.

Jérome lit l'Ecclésisate, traduction, introduction et notes de Gérard Fry, Paris, Migne, coll. « Les Pères dans la foi », 2001.

Josèphe F., *La Guerre des Juifs*, trad. P. Savinel, Paris, Minuit, 1977 ; *Les Antiquités juives*, trad. É. Nodet, Paris, Le Cerf, 1992

Kohélet, l'Ecclésiaste, Meir Zlotowitz, Nosson Scherman, New York, Mesorah Publications, 1976, (édition du texte bilingue hébreu-français) trad. fr. Jean-Jacques Gugnheim, Paris, Éditions Colbo, 1987.

L'Ecclésisate commenté par Rachi, (édition bilingue hébreu-français) Jérusalem, Éditions Gallia, 2009.

Lods, A., *Histoire de la littérature hébraïque et juive*, Paris, 1951.

Mandel, Y., *Dictionnaire des Messies juifs de l'Antiquité à nos jours*, Paris, Berg International, 2009.

Midrach Rabba sur l'Ecclésiaste, (édition bilingue hébreu-français) traduit par Sylvie André, Paris, Nouveaux Savoirs, coll. « Textes fondamentaux de la tradition juive », 2005.

Neusner, J., Levine, B. A. et E. S. Frerichs, dir., *Judaic Perspectives on Ancient Israel*, Fortress Press, Philadelphie, 1987.

Paul, A. *Écrits de Qumrân et sectes juives aux premiers siècles de l'islam. Recherches sur les origines du Quaraïsme*, Paris, Letouzey, 1969.

Podechard, E., *L'Ecclésiaste*, Paris, Études bibliques, 1912.

Renan, E., *L'Ecclésiaste. Un temps pour tout*, traduction et commentaire, Paris, 1881 ; réed. Paris, Arléa, 2004.

Rohde, E. *Psyché. Le Culte de l'âme chez les Grecs et leur croyance à l'immortalité*, Paris, Payot, 1928.

Szyszman, S., *Le Karaïsme*, Lausanne, L'Age d'Homme, 1980.

Théobald, C., *Dans les traces… de la constitution de Dei Verbum du concile Vatican II*, Paris, Le Cerf, 2009.

Vajda, G., *Introduction à la pensée juive du Moyen Âge*, Paris, 1947.

TABLE DES MATIÈRES

Introduction	7
La canonisation de Qohélet	10
La rétribution *post mortem* des justes dans le judaïsme	12
Un texte sadducéen ?	14
Néfesh et *Rouah* dans Qohélet	19
Les commentaires de l'Écriture dans le judaïsme	22
Quelques commentateurs juifs	24
L'exégèse chrétienne	28
La philologie	30
L'Église et la philologie	31
Note du traducteur	37

Qohélet

I	41
II	43
III	46
IV	49
V	52
VI	55
VII	56
VIII	60
IX	63
X	66
XI	69
XII	70
Bibliographie	75

Achevé d'imprimer en France par Présence Graphique
2, rue de la Pinsonnière - 37260 Monts
N° d'imprimeur : 051138965

Dépôt légal : mai 2011